大学生
生涯咨询案例集

编　著　陈璐　王庚

编写人员　余晓玲　蔡寒菁　方晓湘　苏旭东　段晓岚

·广州·

图书在版编目（CIP）数据

大学生生涯咨询案例集/陈璐，王庚编著. —广州：华南理工大学出版社，2019.3

ISBN 978-7-5623-5511-3

Ⅰ. ①大… Ⅱ. ①陈… ②王… Ⅲ. ①大学生-职业选择-咨询心理学-案例 Ⅳ. ①G647.38

中国版本图书馆 CIP 数据核字（2018）第 273895 号

大学生生涯咨询案例集

陈　璐　王　庚　编著

出 版 人：	卢家明
出版发行：	华南理工大学出版社
	（广州五山华南理工大学17号楼，邮编510640）
	http://www.scutpress.com.cn　E-mail:scutc13@scut.edu.cn
	营销部电话：020-87113487　87111048（传真）
责任编辑：	卜穗珍
印 刷 者：	虎彩印艺股份有限公司
开　　本：	787mm×960mm　1/16　印张：12.75　字数：243千
版　　次：	2019年3月第1版　2019年3月第1次印刷
定　　价：	45.00元

版权所有　盗版必究　印装差错　负责调换

前　言

随着国内大学生就业结构性矛盾凸显，生涯辅导逐渐进入国内学者视野，并在实践中进行本土化操作，获得了师生的广泛认可。

针对学生个性化辅导的生涯咨询逐渐从职业生涯规划课程分化而来，成为生涯辅导育人体系的重要部分及高校思想政治教育的有力补充。

生涯咨询实质是将心理咨询专业的基本原理应用于生涯的话题，并加入职业生涯规划的知识、职场发展的技巧及生涯理念。20世纪60年代后期，生涯辅导与生涯咨询结合，成了替代职业指导的一项重要助人工作。美国生涯发展学会（NCDA）于1988年公布的生涯咨询定义是："职业/生涯咨询意指具有专业资格的人，对另一群人提供或协调一些活动，助其解决职业、生活/生涯、生涯决定、生涯规划、生涯路径或其他与生涯发展有关的困扰或冲突。"由此定义可见，生涯咨询的范围扩大到处理与生涯有关的问题并且生涯咨询师必须具备专业的资格。实际上，在一个生涯咨询过程中，当事人得经常澄清自己的价值，重新评估生活目标，学习新的人际关系，增加自己的自尊自信。生涯咨询师也必须经常面对当事人的情绪问题（如自卑、罪恶感、焦虑等）、行为问题（如缺乏自我肯定）、认知问题（如"我不能""我不要""我不应该"等想法）。以上种种都会在生涯咨询的过程中出现，如果置之不理或视而不见，则会影响生涯咨询的效果。因此，生涯咨询指的是一种正式的关系，即一个专业的咨询师帮助一个客户或一组客户有效处理生涯事务（例如，做出生涯选择，处理生涯转换，缓解工作压力或寻找工作）。

华南师范大学在学院个性化就业指导的基础上从2010年开始面向在校生及校友开设一对一生涯咨询项目，是广东省内首个开设生涯咨询的高校。至今已发展为包含校外咨询导师、校内学生朋辈咨询者以及校内生涯咨询师在内的立体生涯咨询的模式（如下图所示）。为确保咨询效果及专业化，校内外生涯咨询师均具备高级职业指导师、全球职业生涯规划师（GCDF）、生涯教练（BCC）或生涯规划师资质。

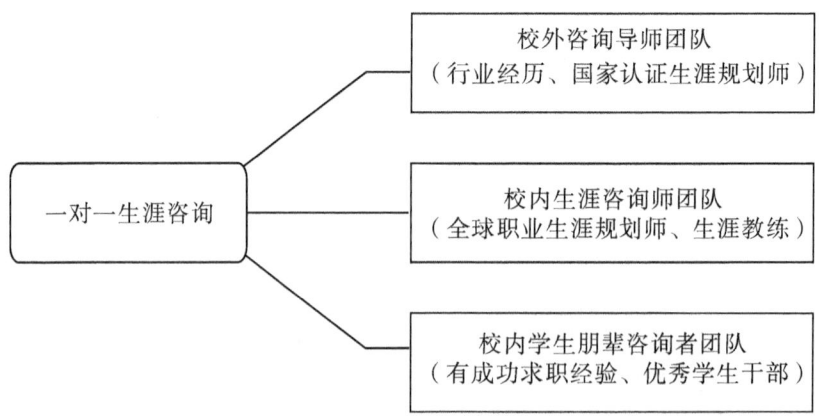

华南师范大学生涯咨询模式

生涯咨询项目共设五大主题，包括大学生生涯规划、职业定位、就业创业政策、求职技巧提升、求职心态管理。

本书从校本咨询案例中选取了学生咨询中职业定位、不合理生涯信念调整、求职能力提升等方面的29个典型案例，可全面体现生涯咨询师在咨询过程中使用的咨询技术及流程，亦全面展现了生涯辅导理念、生涯咨询技术在大学生生涯规划及就业能力提升上的指导功效。为保护来询学生的隐私，本书所有案例均隐去学生的姓名及年级信息。

咨询中，咨询师根据自身所长及学生实际呈现的问题，或使用教练技术，或使用叙事技术，或为线下咨询，或为线上咨询。案例集或以逐字稿的方式呈现，或为过程描述，并结合咨询师所使用的辅导技术解读、知识链接、拓展阅读，旨在抛砖引玉，望能为同行开展学生生涯辅导提供讨论及学习的材料，敬请同行及专家批评指正。

感谢学校对个性化生涯辅导工作的支持、咨询师团队的付出及来询学生的信任。本书的出版作为学校生涯咨询工作的阶段性总结及广东省德育课题"以就业能力提升为核心的当代大学生生涯辅导研究"的阶段性成果，是生涯辅导实践的真实展现，凝聚了学校生涯咨询师团队的智慧及默默付出，在此一并感谢。

编　者

目 录

大学适应篇

案例 1：我终于可以放下了 ………………………………………… 1
案例 2：老师，我想转专业 ……………………………………… 11
案例 3：老师，我要不要转专业？ ……………………………… 16

职业生涯规划篇

案例 4：用心探索自我，科学规划自我 ………………………… 25
案例 5：怎样运筹帷幄，寻找满意的实习工作？ ……………… 30
案例 6：如何聚焦？ ……………………………………………… 33
案例 7：向左走？还是向右走？ ………………………………… 40

职业定位篇

案例 8：我的路在何方？ ………………………………………… 46
案例 9：我想做体育老师 ………………………………………… 52
案例 10：让未来植于当下 ………………………………………… 56
案例 11：我要不要辞职？ ………………………………………… 64
案例 12：老师，我是否要违约，换一份工作？（研究生） …… 69
案例 13：老师，我应该选哪一个工作？（研究生） …………… 76
案例 14：老师，我要不要回生源地工作？（研究生） ………… 81
案例 15：面对数个 offer，我该如何抉择？（研究生） ………… 86

考研定位篇

案例16：老师，我该考研还是找工作？ ………………………… 100
案例17：老师，我是否要考研？ …………………………………… 107
案例18：老师，我该考研还是考公务员？ ………………………… 111
案例19：我应该选哪个方向的专业？ ……………………………… 119

求职心态管理篇

案例20：选错的工作？ ……………………………………………… 125

求职技巧篇

案例21：我该在哪个城市工作？ …………………………………… 129
案例22：我的想法和他人的想法 …………………………………… 140
案例23：被导师影响的工作价值观 ………………………………… 143
案例24：错位的职业目标 …………………………………………… 146
案例25：我在大学该往哪个方向提升？ …………………………… 149
案例26：简历隐藏的秘密 …………………………………………… 158

社团指导篇

案例27：我该如何带领一个社团？ ………………………………… 161
案例28：社团工作如何做好才能不负期待？ ……………………… 166

情感问题指导篇

案例29：我是不是该安静地走开？ ………………………………… 172

附 件

附件一：华南师范大学学生就业指导中心面谈咨询登记表 …………… 180
附件二：咨询情况反馈表 …………………………………………………… 182
附件三：面谈职业咨询记录表 …………………………………………… 183
附件四：转诊报告 …………………………………………………………… 184
附件五：何为生涯咨询 …………………………………………………… 185
附件六：生涯辅导策略建议 ……………………………………………… 189
附件七：有效咨询师的个性特点 ………………………………………… 190
附件八：生涯咨询师12项能力要求自我评估表 ……………………… 192
附件九：咨询双方的责任、权利和义务 ………………………………… 194
附件十：职业生涯规划咨询的书单推荐 ………………………………… 195
附件十一：生涯咨询常用测评量表网址 ………………………………… 196

大学适应篇

 案例1：我终于可以放下了

一、案例背景

小王，男，潮州人，体育教育专业学生。父母经商，他为家中独子。高中阶段有一女朋友。进入大学后，两人因聚少离多，感情出现危机以致分手。小王因无法接受分手事实，在大一第二学期开学未按时回校，也未按规定办理请假手续。据了解，小王在老家沉迷老虎机，被家长关禁闭一段时间。在咨询师了解小王未按时回校原因的过程中，小王透露出事情的原委。

二、案例经过

"陈老师好。"一名瘦高的男生走进了我的办公室。这位男生是小王，体育教育专业学生。因在大一第二学期开学未请假，且未按时回校上课，我与他约定了一个时间进行面谈。

男生苍白的脸色引起了我的关注。知道小王有喝茶的习惯，我给他倒了一杯热茶，以营造一种放松的气氛。

"我看你脸色不太好？"我以试探性的语气问道。

"是啊，最近感觉不太好。"小王回答道。

"是身体上的，还是有其他方面的压力？"我进一步试探。

"都有吧。"小王看了我一眼，低下了头，咬了咬嘴唇。沉默几秒后，小王弱弱地说了一句"我失恋了"。原来，小王与其高中时期的女友因上大学后聚少离多，女方认为他为人不够成熟，给不了她好的未来而提出分手。小王难以接受初恋的失败，既有不舍，也有不甘。在谈话的最初二十多分钟里，小王不断重复自己几段重要的恋爱经历。更重要的是，小王谈到当他感觉到挽回感情已经不可能的时候，自己开始觉得生活没有什么意义。此时，他迷上了老虎机，并把向朋友借的两万元赌光了。此事被父亲知晓，他被关禁闭在房间一段时间。

小王自入学以来给人留下的印象多以开朗为主，当我听到这一情况，不禁大吃一惊，感觉到事态严重。

鉴于小王的父亲已知晓儿子的情况并选择不与咨询师沟通，我想其中必有原因。当务之急是要稳定小王的情绪，帮助他跳出失恋的痛苦，找到目标，重新回到大学生活。

我教给小王叙事疗法，让小王将恋爱故事中的"我"用自己的名字替代，而"她"用前女友的名字替代，每天把这些故事复述两遍以上，并约定一个星期后再面谈。

此次面谈结束后，我主动向小王家长了解详细情况及其看法，得知家长知道小王失恋的事实后，担心学校发现小王有玩老虎机的行为会将其开除，因此和借钱给小王的学生进行了私了，而自己也因缺乏教育的方法，只能把小王锁在房间里，让其冷静一段时间。在得知家长的顾虑后，我向他介绍了学校相关的管理制度，打消了家长的顾虑，并取得了家长的认同，确保了教育思想的一致。小王家长一再委托我多教育他的儿子，帮助其回到正路上，过好大学生活。听到家长一而再、再而三的托付，我感觉到身上的责任重大。

随后，我向小王舍友了解小王回校后的生活情况。舍友反映小王回校后也和他们谈过自己失恋的事情，他们也开导过小王，但效果不佳。小王的休息时间较晚，在宿舍会打游戏消磨时间，似乎没有生活目标。我建议小王舍友关注小王的情绪，协助小王使用叙事治疗法并及时与我沟通。

在第二次约谈前，我向小王舍友了解小王的近况。发现小王最初几日仍反复向舍友讲述自己的爱情故事，舍友耐着性子听。到后期小王所复述的故事越来越简单。同时，小王还是会通过打游戏来消磨时间，晚上睡得比较晚。舍友有意识地带小王去运动，用运动和比赛来分散他的注意力，并监督他去上课。

在第二次约谈时，我首先问小王是否运用了叙事治疗法，感觉如何。小王回复说好些了。我尝试引导小王学会调节自己的情绪："以前当你不开心的时候，你一般会做什么来让自己心情好些？"

小王想了想说："跑步，打游戏机。"

"上次面谈结束后，你有没有用这些方法来调节自己的情绪？"

"有打游戏。偶尔和宿舍同学去运动。"

"那现在你怎么看待这段感情？"

"一开始还是不舍,但是继续追也不可能有幸福,只能放下了。等我成熟一些,我才可以给别人幸福。"

"你说要给别人幸福,那你理解的'给别人幸福'需要有一些什么样的条件?"

"首先是自己要足够强大。"小王的回答很迅速,显然对这问题思考了很久。

"你上次说到玩老虎机的事情父亲是知道的,那你和你父亲之间的沟通是怎样的?"

"还好吧,他不会强求我做什么事情。他时常教我做人要对得住自己,要体谅家人……"小王停下来沉默了,咬着自己的下嘴唇,似乎有点动情。"他说的道理我都懂,我也知道他赚钱很辛苦。可我就是不知道那段时间怎么会迷上老虎机。感觉玩法挺简单的,钱来来去去,脑袋好像不用思索。"

"你父亲责怪你了吗?"我试图引导小王换位思考。

"没有。可能因为我是家里的独子吧,我父亲很少会骂我。他说钱没了就没了,关键是人没事。其实,我当时听到挺感动的,也很自责,要是当初我没迷上那个(老虎机)就好了。"小王始终低着头说道。

"在这段感情的问题上,你父亲的态度是怎样的呢?"

"那个女孩他也认识,以前她经常去我们家。他说感情不能强求,只要人在就好。"

"你的父亲真的很重视你。"

"是的。我知道。"

"那你觉得现在你的状态是回馈父亲,让他放心的方式吗?"

小王继续沉默。

"我的意思是,你父亲供你读书,他希望看到你以这样的方式度过大学四年吗?"

小王继续沉默。

"我能理解你的沉默是因为你对目前大学的生活状态不是很满意,对吗?"

"嗯。"小王轻轻点头。

"你刚才也说到想让自己变得更成熟一些,这样才可以有更好的爱别人的能力,给对方幸福的生活。关于这一点,你开始考虑了吗?有哪些打算?"我明白,只有引向行动力的转变,才能让目标更有力量。

小王想了想,"先把书读好。"

"怎样才叫读好?"我在引导小王将目标具体化。

"就是至少不能挂科,拿个奖学金之类的。"

"那按照你目前的学习状态和你的学习能力,你觉得一个学期下来,成绩能提高多少呢?"

"我高中的学习其实不算差,如果努力一点,争取个专业前三十名应该是没问题的。"

"那你打算怎么去做呢?"

小王眼中渐渐地恢复了光彩。

"能否把你刚才谈到的几点写成书面计划,送一份给我?我们一个学期之后看看完成的效果。"

"可以。"

"如果在你实现目标的过程中遇到阻碍,影响了你前进的步伐,你觉得这个阻碍会是什么?"

"遇到的阻碍?"小王轻声重复后便陷入了思索,"也许是打游戏吧。"

"如果真出现这种情况,你会怎么处理?"

"我会把目标写在纸上,贴在我的电脑显示屏以提醒自己。然后,我会让我宿舍的同学监督我。"

"那我怎样可以知道你实现了自己的承诺?"我在引导小王思索。

"那我在微博上给你发私信吧。"

"好。我期待着你的私信,要加油。"我给小王做了个加油的手势。

小王面带笑容离开了我的办公室。

在小王和我分享他的书面计划后,我与小王的舍友分享了小王制订的计划内容,邀请小王的舍友共同监督,并给予小王更多鼓励。

通过谈话辅导,小王对大学有了新的认识。在学习上更具主动性,平时在运动场上也能看到他和同学练习自己的体育专项。一个学期后,小王的成绩提升了近30%。

 咨询师手记

党的十六届六中全会首次明确提出"心理和谐",指出"要注重人的心理和谐,加强人文关怀和心理疏导,引导人们正确对待自己、他人和社会,正确对待困难、挫折和荣誉"。当代大学生首先应培养成身心健康的毕业生。而大学生在学期间,由于社会阅历不足和心理发育特点,对困难和挫折的处理能力仍略显不足，需要咨询师多加关注。

本案例中的小王所遇到的问题看似起源于失恋，其实质是抗挫折能力不足导致的一系列问题。因此，辅导过程应如剥笋一般，一层一层深入分析。具体要做到以下几点：

（1）注意共情，获取信任。初恋是人生中刻骨铭心的经历，当发生失恋时，情绪低落是正常的，咨询师首先要肯定学生所反映出的情绪，在共情的基础上，再引导学生进行思考。在案例辅导前夕，一个眼神、一句问候、一杯茶都可以促成相互信任的辅导开局。

（2）适当使用咨询技术。叙事疗法是帮助人们把自己的生活及与他人的关系从他们认为压榨生命的知识和故事中区分出来的方法。小王因与初恋女友分手而情绪低落，对身边的事情提不起兴趣，只能在封闭的游戏世界中麻木自己。使用叙事疗法使学生的低落情绪和自己暂时分离，能让学生的情绪尽快平复，更好地看待问题和向前迈步。

（3）注重将目标外化为行动。当学生制定了目标后要形成学生自我监督机制，这是使目标外化为持续行动力的有效方法，也可进一步促进目标的实现，及时发现问题并调整行动方案。

（4）动态进行新生适应性教育。大学新生对学校学习、生活的适应是个长期的过程，因此，对新生的适应性教育不应仅局限在第一学期，而应动态关注学生发展。当学生失恋时，要及时关注学生情绪变化，疏导学生情绪，必要时使用叙事疗法，帮助学生从失恋的痛苦中脱离出来，正确对待恋爱。当学生心灵受伤的时候，咨询师要同时承担起教育者和陪伴者的角色，通过换位思考等方式激发学生学习的主动性，提升学生职业生涯的规划意识。

（5）主动运用生涯辅导技术，给学生留出思考空间。学生决定和咨询师面谈时已对问题有一定思考，所以不要占满整个谈话空间，要让学生有自主思考的余地。与其直接将解决的方案呈现在学生面前，不如通过提问、探索等方式，让学生主动寻求问题的答案。

（6）在处理辅导学生个案时，要善于形成教育的合力。一方面，咨询师与家长保持良性沟通既有利于防患于未然，也有利于保持教育的一致性，实现教育的良好效果；另一方面，舍友和班级干部能发挥很大的引导和监督作用。因此，要注重对教育合力的运用。

（7）紧抓问题的关键。本案例综合了感情问题、学习目标确定和大学适应的辅导。在辅导过程中，首先要抓住问题的"七寸"（关键点），以目标缺失问题的解决带动情感问题的解决。

（8）既要关注成长，也要做好思想政治教育。该案例中，学生玩老虎机的行为是违背学生行为准则的，咨询师既要关注这行为背后的原因，也要对学生进行纪律教育，让其意识到自己的不足。

 知识链接

叙事技术在咨询中的运用

一、时代背景

这些年，你是否留意过身边这样的现象越来越普遍？

全职雇佣早已不是唯一的工作模式，以科层制为核心的传统组织正在瓦解，组织边界被打破。工作岗位变得没有标准和固定职责，工作内容也常常是以项目开始并最终以一个产品而结束，比如矩阵制、短期派遣、工作外包、兼职合作等。生涯发展的过程常常不再有稳定结构和可预测轨迹，并有越来越多的断裂、转型和不确定，个体时常感到找不到"适合自己"的定位，越来越焦虑和自我怀疑。

生涯咨询师总是指导来询者澄清真我（true self），定目标、明策略、再行动。这种传统生涯理论所强调的实现自我的模式已经难以回应新的问题：

（1）在越来越多变的职业环境里，越来越难理解一个稳定存在等着我们去发现的自我——自我也在变化和更新。

（2）"我"似乎永远进入不了最理想的职业——等接近自认为理想的职业时，环境早已改变。

二、基本假设

舒伯（Super）的学生萨维科斯（Mark Savickas）继承其核心思想的同时吸收建构理论，对自我和生涯发展提出新的假设，回应了传统理论的困境。

1. 自我是通过工作和关系持续被建构和创造的

真我并不先于经历存在，测评和基于头脑反省所得到的不过是"根植于过去的我"，探寻于过去的真我，既难以应对高速变迁的社会环境，也会让自我发展陷入停滞。

2. 生涯发展经历是一项建构自我概念的生命设计（life project）

理想职业不会自动展现，而是个体在做出选择实现意图（intention）时被建构和设计出来的。所以，好的生涯发展是积极行动，将经验整合并丰富自我概念的过程。

3. 生涯即故事，我们透过故事理解并创造人生

生涯建构论认为，讲述个人故事能让人们觉察那些本就存在但模糊不清的意识。咨询师可以参照图1的 IE 模型，围绕两个层面来进行：

①关注过去和当下的经验（experience）；

②解释其重要性和赋予意义（intention）。

咨询师可从"当前发生了什么？你的经验是什么？"开启咨询空间，随后问"这对你意味着什么？显示出你看重什么？""过往有哪些经历也反映了这一点（意义/价值）？这种想法从哪里来？""这让你觉得未来会做些什么？对此你有什么样的目标/计划？"，第三层面可以从事件、行动中抽取出经验，通过"你怎么看待自己的经验？还显示出你的什么特质？""这些行动会带来什么意义？会让你成为什么样的人？"等问题，最终将故事引向即将面临的未来，以设计出更加有活力的生涯计划。

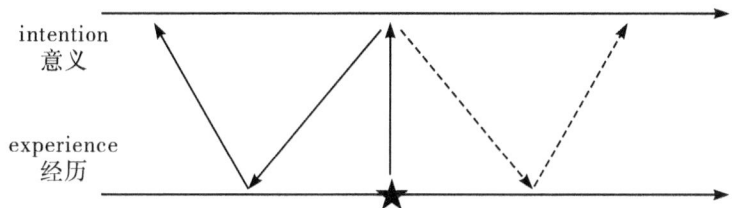

图1　IE 模型（源自麦克·怀特的改写对话）

维特根斯坦认为：问题并不是通过提供新信息来解决的，而是通过重新安排我们早已知道的事情。

三、理论核心

在萨维科斯的生涯建构论中，包含了三个组成部分：人格特质、生涯主

题和生涯适应力。

1. 人格特质

萨维科斯批判性地继承了霍兰德类型理论及职业世界地图理论，来理解个体职业人格类型（RIASEC）。他认为从过往经历中可以发现一个相对稳定的职业人格（重评估行动呈现出的兴趣倾向），并且会与职业呈现出一定的匹配性。

但萨维科斯关注的点会有所不同：①更侧重来询者的主观看法，而非测评分数；②更关注来询者意图中呈现的可能的我（possible self），而非过去的我。

2. 生涯主题（theme）

建构论假设，个体通过进入一个职业来诠释和发展自我概念。如果来询者能对自我概念和个人愿景目标深入理解，将更加有效地做出生涯选择。萨维科斯认为，个体自我概念和愿景目标通过一个生涯主题来展现——如同一个故事的主题，概括了这个故事的中心思想。生涯主题由个体最急切希望解决的一个或一系列问题和解决问题的方法构成。个体生涯发展的目标和行动都围绕生涯主题的宏观指引展开。

当咨询师与来询者共同理解了其生涯主题，来询者那些看起来碎片化的、相互矛盾的以及意义含混不清的经历会变得意义清晰而连贯，并提供了对未来生涯选择的指引，以及面对各种职业变动（尤其是被外界所迫的变动）的方案。而这正是把完整的人分解成不同侧面（兴趣、能力、价值观、性格等）去理解的方式很难获得的启示。

萨维科斯继承了阿德勒的观点，认为早期记忆是理解个体生涯主题的重要途径。

3. 生涯适应力（发展任务）

社会飞速变迁令个体不得不更加主动地根据环境做出态度、行为和能力上的调整，形成个体生涯适应力。萨维科斯提出的生涯适应力模型包括：关注、控制、好奇和自信。

咨询师需要围绕"适应力模型"尝试激发来询者对未来生涯的关注、控制、好奇和自信，推动来询者将意图（intention）转化为行动。只有行动才能创造新的故事，即新的自我和生涯；也只有在行动中适应力才能提升。所以，对于相当多个体，问题不在于是否做出了决定，而在于是否付出了行动。

基于上述理论框架看咨询——

萨维科斯认为，为来询者提供支持的方法就是叙说生涯故事。咨询师与来询者确认期待与目标，带着来询者的困惑进入故事中：

（1）帮助来询者确认生涯主题——因为一旦个体能找到生涯主题，职业选择就成了演绎该主题的渠道，并且能赋予自己各种角色和经历更连贯的意义；

（2）促进个体人格特质与外部环境的匹配；

（3）更主动地发展适应力以设计自己的生涯。

四、咨询应用

生涯辅导是一个解构、重构、共构的过程，通过一系列生涯故事的访谈方式，建构来询者的生涯故事。

第一问：榜样人物

你最欣赏或崇拜的人有哪些？他们哪些特质吸引你？

来询者在这个问题展现出的榜样人物特征，往往是在阐述他们的自我概念。咨询师如果直接要求来询者用语言描述他们的自我概念，很少能奏效，但在对榜样角色的描述过程中，来询者会自然地界定自我。

你会发现，对同样一个人物，不同人看到的特质都会不同。因为，来询者在这些榜样角色中看到的是自己，即当前的自己（你与他们有哪些相似点？）以及期待中的自己（你期待获得他们哪些特质？）。这个问题往往会带来深入的自我觉知。

第二问：休闲活动

你最喜欢的电视节目（电影、杂志、网站、活动等）有哪些？喜欢它什么？

这种问法，常常展现的是来询者不受限制状态下的倾向，这最能显露来询者感兴趣和偏爱的环境。结合霍兰德类型（RIASEC），对预测未来的职业方向非常有价值——探究可能的自我（possible self）。

第三问：最喜爱的故事

你最喜爱的故事是什么？什么情节让你喜欢或印象深刻？

这个问题涉及的是生命的脚本（life scripts），将个体的自我（从榜样人物中呈现）和偏爱的环境统一在一起。换句话说，最喜欢的故事描绘了个体的核心问题，以及在什么环境、如何回应自己所面临的问题。

第四问：座右铭（mottos）

你最喜爱的格言或座右铭是什么？为什么？

这个话题涉及来询者对自己的建议（advice）。如果来询者说没有座右铭，咨询师可以邀请他们回忆自己记得的格言，甚至在现场创造一句格言。这些努力都将会引出他们对如何面对困境、如何前行的直觉理解。

第五问：早期回忆

能说出你现在能记起的最早的三件事吗？

这是呈现生涯主题的一问，也是有一定风险的提问。它可能会带出未处理的创伤体验。咨询师需要小心把握访谈深度，甚至在能预估当事人有你不能应对的创伤的情况下，不妨简化成如下四问，而从榜样人物和喜欢的故事两问中，也能寻找来询者的生涯主题。

1. 榜样人物
   - 他们身上的什么特质吸引了你？
   - 你有哪些与他们相似的特质？你期待获得他们哪些特质？
2. 休闲活动
   - 这项活动在什么样的环境中进行？活动中什么吸引了你？
   - 参与活动的人都有哪些特点或能力？
   - 活动中的你表现出什么样的霍兰德类型？
3. 喜欢的故事
   - 故事最吸引你的（内容、情节）是什么？
   - 你觉得哪些与你自己的生涯相关？这些关联带给你什么感触？
4. 座右铭
   - 为什么你这么认同这个座右铭/人生信条？
   - 它跟你当前的生涯有什么关联？你会如何践行这一信条？

（资料来源：http：//mp.weixin.qq.com/s/yE1Y7ItqFNxXr13oGjw6cA，有删改）

 ## 案例2：老师，我想转专业

咨询师：陈璐

来询者概况：大一，文科男生

主要咨询问题：转专业问题

咨询过程节选：

来询者： 老师，我不喜欢文科的专业，想转专业到音乐专业，不知道是否合适，也不知道该怎么转专业。

咨询师： 能说说看，为何你想转到音乐专业吗？

来询者： 老师，我从小就对音乐感兴趣，我学过钢琴，初中的时候就考到了八级，后来父母觉得学音乐会分散我高中学习的精力，所以，没有让我继续学习和考级了，仅当成爱好。

咨询师： 还有吗？

来询者： 我还喜欢台湾的原住民音乐，我觉得它们很特别，和流行音乐就是不一样。

咨询师： 嗯，看来你对音乐还挺热爱的。

来询者： 是的，可惜现在读文秘专业。

咨询师： 能说说看你目前对文秘专业学习的感受吗？

来询者： 现在的专业既说不上喜欢，也提不起兴趣。班上都是女生多，感觉自己没有什么朋友。

咨询师： 在专业的学习方面呢？

来询者： 学习方面还算能跟得上吧，但是想到以后去做秘书或者行政类的工作，就觉得没啥意思。

咨询师： 刚才你提到想转我们学校的音乐专业，你对音乐专业有哪些了解呢？

来询者： 说实在话，并不是很了解。就是感觉自己对音乐比较喜欢，感觉学音乐会比读文科更感兴趣，不是有这么一种说法——做自己感兴趣的事情更容易成功吗？

咨询师： 除了钢琴八级，还有什么事情能证明你音乐方面的能力呢？

来询者： 我高中时会在业余时间写乐评。

咨询师： 什么样的乐评，能介绍一下吗？

来询者： 就是台湾原住民音乐的乐评，我自己会做一些比较，例如音乐中使用的乐器、歌词等方面。

咨询师： 写得多吗？

来询者： 有十来篇吧。

咨询师： 感觉自己写得怎么样？有没有拿出去发表过，或者给业界的人士评价一下写得如何？

来询者： 还没有，基本都是自己写来玩一下。偶尔会和同学分享一下。

咨询师： 同学对这些乐评的评价如何？

来询者： 她们觉得还行，但是因为也不是很喜欢这种小众的音乐，所以，反响也不是很大。纯粹是我自己的一个爱好。

咨询师： 我们来看一张图（图2），我想这张图能帮助我们比较好地看待和分析这个问题。你看，你对音乐的兴趣很高，但是目前来看，你的音乐能力并不是很高，对音乐专业的了解也不深，而音乐专业又是比较特别的专业，必须通过艺术考试才能读的。如果你以目前钢琴八级和对台湾原住民音乐感兴趣、写乐评的积累去申请转专业，可能性不大。因此，从这张图来看，你对音乐的喜爱，可以考虑当成业余爱好来培养，将来通过做些兼职、参与实践等形式，慢慢提升这方面的能力，再往兴趣高、能力高的未来职业方向去转变。这一点，你能理解吗？

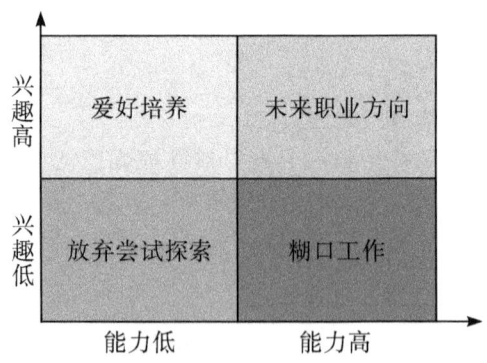

图2 职业定位十字架（金蕾莅、贾杰）

来询者： 嗯，我能理解。当成业余爱好去培养我是可以接受的，将来如果能成为职业更好。我还是想从事自己感兴趣的工作。

咨询师： 嗯，能从事自己感兴趣的，而且能力胜任的工作，是一件很幸福的事情。

来询者： 就是这样的。

咨询师： 我们现在面临的情况是，我们读的文科专业，这个专业根据你刚才的描述，既不是很喜欢，也不是很排斥，如果努力学，也能学好，是这样的吗？

来询者： 是的，如果抛开班里女生比较多，交不到什么朋友的因素。

咨询师： 嗯，我们再看看这张职业定位图。如果我们现在这个专业能努力学好，至少在专业里成绩排名和能力都是中上水平，即使我们对这个专业的兴趣并不算很高，但我们还是可以把它当成自己的谋生工作的。

来询者： 就是赚生活费，养活自己的工作？

咨询师： 是的，从能力出发寻找合适的工作，业余生活我们再通过自己的兴趣爱好来平衡自己的生活。

来询者： 我从事文秘工作有优势吗？

咨询师： 据我从事就业指导这些年的经验，以及与文学院老师沟通后的信息反馈，我们发现，文科专业的男生一般都比较好找工作，因为单位都比较偏向于招男生。

来询者： 这我也有所听闻。

咨询师： 所以，基本上，我们的策略是拿别人的学位，做自己的职业。什么意思呢？一方面认真学习、把学位拿到；另一方面以自己的职业目标、以就业市场的要求为导引，建立自我学习系统，培养个人能力、资历。在保证完成规定学业的前提下，按照个人目标职业或者劳动力市场的要求来建立自我学习系统，是走出专业之困的关键。自我学习系统可以依据以下公式构建：可转移能力＋专业知识与技能＋资历＝就业竞争力。

来询者： 也就是说，我需要培养的是自己的学习能力，尽量提高自己的就业竞争力。

咨询师： 是的，而音乐可以在业余时间提升能力。将来，如果你的音乐技能提升到专业的水平，你就可以考虑转换职业了。

来询者： 嗯，这也是一种方法。那老师，我如果去音乐类的公司做文秘行不行呢？

咨询师： 当然可以呀，这也是一种思路。我们在本专业学习的基础上，发掘新的机会。有些时候，机会是伴随着我们能力提升而出现的，只要我们能够坚定方向，不断朝着方向努力。

来询者： 那我懂了，目前来看，申请转音乐专业确实不是最好的契机。我要好好地把我的专业学习好，有时间的话多做一些和音乐相关的兼职或者实践。

咨询师： 好的，那到目前为止，你还有其他的疑问吗？

来询者： 暂时没有了，谢谢老师。

咨询师： 不客气，也希望我们的谈话可以帮助到你。

 咨询师手记

台湾学者金树人在《生涯咨询与辅导》曾提出，个体要清清楚楚了解自己：能力倾向、兴趣、雄心、资源及限制；明明白白知道工作成功所必需的条件、要点、优点和缺点，实实在在地推论两组事实之间的相关情况。

专业好坏的确是个分水岭，但不是人生的全部。研一、研二时曾纠结退学，希望重新考个自己真正喜欢的专业的我回过头想那三年，浪费了太多的时间，若不是后来慢慢地想通，我想那三年我都将在哀怨中度过。人生每个时候都会有个坎，无论怎样，都不要让自己难过，"莫为浮云遮望眼，风物长宜放眼量"，任何事情没有绝对的好坏，开开心心地过好每一天，你便会"柳暗花明又一村"。

 知识链接

专业不匹配的应对策略

面对不喜欢的专业，第一选择当然是申请转换一个自己感兴趣的专业，可这话说来容易，操作起来却如登蜀山。限制很多，不少大学要求学生考试分数较高，比如全班前多少名，或者全系、全院多少名，而且还要参加学校组织的有关考试，合格了才有资格。总之一句话，不让你轻易成功转换专业。当然，如果你有足够勇气，来一次说退就退的行动，面对身后的大学来一句："不陪你玩了，我回去再读一次高三。"可是又有多少人有这种任性的资本呢？所以，在退学或者转专业行不通的情况下，还有以下解决方法。

1. 悦纳

全国这么多大学生，有此情况的绝非你一个，很多人都在读着一个不感兴趣的专业，既然已成事实，再抱怨也无济于事，不如坦然接受这种现实，调整自己的心态去接受这种现实，然后寻求解决问题之道。不感兴趣，不代表不能学好，很多文科生对数学不感兴趣，但为了考大学，不也得硬着头皮，迫使自己努力学好吗？所以大学也一样，即使不感兴趣，但为了完成学业，只有投入精力去学习，让完成学业不成问题，我们实在不应该让不感兴趣成为自己挂科重修的理由。

2. **专业≠职业**

认清专业和未来职业的关系，大学专业学习是理论知识的学习，而职业能力一般包括三个方面：理论基础，实践技能，个人品质。所以大学所学的理论知识只是职业能力中的基础部分。大学里读药学专业并不意味着未来都是研究开发药物的，而很可能在医药生产企业、流通企业甚至其他行业从事生产、技术、质量、人力资源、市场、销售的工作；类似的，读计算机专业的也不是毕业出来就是搞编程的，同样可能在IT、互联网及相关行业做市场、生产、检测、售后等工作，所用到的专业知识其实没你想象的那么多，更多的则是实践技能，所以，我们不妨考虑不同岗位需要的实践技能，通过参加大学社团活动培养一些通用技能，比如沟通、领导、执行、团队建设能力等。这样既淡化了非兴趣专业所带来的苦闷，也让自己的实践技能有所提高。

3. **找到自己的真正兴趣**

既然对当前的专业不感兴趣，那就找到自己真正感兴趣的专业，然后在自己热爱的专业里努力地学习，而且要拿到能告诉别人努力学习过的证明！有的大学提供选修第二学位的机会，可利用这种机会，获得第二学位；或者跨专业考研，拿到你感兴趣专业的硕士文凭；如果都没有，那就拿出其他成果来，比如你说对写作感兴趣，那就在求职面对HR时把你曾经发表过的文章甩给面试官看看，这才是最好的证明！

（资料来源：http://mp.weixin.qq.com/s/lUoUCx9ml-Ro24PSW-xBUA，有删减）

案例3：老师，我要不要转专业？

咨询师：余晓玲

来询者概况：杨丽（化名），化环学院材料化学专业一年级学生。通过职业生涯规划课得知咨询指导服务，在QQ上预约咨询师。

主要咨询问题：目前报名了转专业，想在转专业前探索自己将来能做什么。

咨询师：你好，请坐吧，我泡点茶。
来询者：好的，谢谢余老师。
咨询师：你是哪里人呀？
来询者：湖北的。
咨询师：外省考华师挺不容易呦，名额都很少。
来询者：对呀，华师在我们省理科就招四个专业，每个专业两个人。
咨询师：这么少名额，看来你的竞争实力还是很不错的啊。你在QQ上也说了一下主要是想了解自己将来的职业可能性，能不能再多谈一谈你现在的情况？
来询者：嗯，老师，我现在是材料化学专业，当时志愿填报时外省学生可以选择的专业很少，我也不了解这个专业，来了之后听人家说这个专业将来就业不怎么好，经常要做实验什么的，不适合女孩子。最近不是有转专业的通知嘛，我堂哥就推荐我转报经管学院的电子商务，我就报了，之前我爸让我报名辅修法学，我也去报了。
咨询师：嗯，听到你刚才说到的情况里，大部分都是别人的建议，爸爸的、哥哥的，你自己是怎么看这些观点的呢？
来询者：我也觉得有道理吧，但是我有时候又看到我们的专业老师也有很多女的，我觉得她们可以做到的，我应该努力一下也能做得到吧。辅修法学我也觉得对自己以后找工作应该是有帮助的，就算对就业没有帮助，学习一下法学对自己发展也好。电子商务我也不了解，当时报名时间也很短，我也不知道他们将来是做什么的，只是听堂哥说，因为他是经管类专业毕业的，现在在企业工作，他说电子商务现在发展很好，也适合女孩子，我就报了。

咨询师： （听到这里不由得想到了先前看到的她的 MBTI 测评，在决策风格维度上 T 和 F 都是 30 分，分化不明显，感觉来询者是一个决策困难者。）看来你对自己目前的情况还没有很清晰的判断，对自己的选择和决策有点没把握（来询者猛点头）。今天我们的约谈虽然不是通过就业指导中心约的，但是我也希望是以正式的咨询来进行（来询者点头表示同意），那么我个人有两种咨询师资质，一种是全球职业生涯规划师，侧重系统地探索一个人和职业规划相关的系统问题，通常包括探索自我、职业世界、制定行动方案等，可能会全面系统些，但次数可能要多次才能完成；另一种是职业生涯教练，聚焦在某一个你迫切想解决的具体事情或问题上，效率相对高些。就你目前的问题来看，你希望以哪一种方式进行？

来询者： 教练那种吧。

咨询师： 好的，那么如果说通过接下来我们一个半小时的时间，当你走出这个办公室的门口时，你觉得很轻松地解决了你最想解决的问题，这会是一个什么问题？

来询者： （小声地）想知道以后自己能干些什么，可以吗？这个问题会不会太大了？

咨询师： 以后自己的职业有什么可以选择的，对吗？你觉得重点是在知道有什么职业，还是在自己怎么做选择？

来询者： ？（不解，没回答）

咨询师： 或者说你觉得现在哪个问题更重要，知道未来有什么职业可能可以做，还是学会做选择和决策，哪一个问题解决了能带动另一个问题？

来询者： 哦，后面一个，学会做选择和决策。

咨询师： 好的，那么我们先聊聊这个问题。

咨询师： 我下午看了你发给我的 MBTI 测评报告（图 3），我可以大致解释一下这四个测评维度，第一个是你和外界的关系或者说你的能量来源是内部的还是外部的，比如说有的人读书的动力是源于自己内心的求知欲，有的人是为了社会评价；第二个维度……（解释四个维度，省略），其中第三个维度决策风格上，测评显示你的分化倾向不明显。现在你自己看这些测评结果的时候有什么感觉？

来询者： 我觉得他推荐的那些职业很多没有什么实际意义，就像主持人之类的，虽然我挺喜欢的，但是我做不了这些工作。对于我的描述那些，我觉得还是挺准的，尤其是第一个维度和决策风格那个维度。

```
E：37    I：23
S：24    N：36
T：30    F：30
J：28    P：32
```

ENFP（外倾直觉情感知觉）

1. 充满热忱、活力充沛、聪明的、富想象力的，视生命充满机会但期望能得到他人肯定与支持。2. 几乎能达成所有有兴趣的事。3. 对难题很快就有对策并能对有困难的人施予援手。4. 依赖能改善的能力而无须预做规划准备。5. 为达目的常能找出强制自己为之的理由。6. 即兴执行者。

ENTP（外倾直觉思维知觉）

1. 反应快、聪明、长于多样事务。2. 具激励伙伴、敏捷及直言不讳专长。3. 会为了有趣对问题的两面加以争辩。4. 对解决新的及挑战性的问题富有策略，但会轻忽或厌烦经常的任务与细节。5. 兴趣多元，易倾向于转移至新生的兴趣。6. 对所想要的会有技巧地找出逻辑的理由。7. 长于看清楚他人，有智能去解决新的或有挑战的问题。

图 3   来询学生的 MBTI 测试结果

咨询师： 目前你有没有需要做决定的事情？

来询者： 我就是觉得报了这个转专业嘛，不知道转不转得成功，我感觉有点悬，因为我上学期的成绩绩点没有达到文件里的优先要求，要排名前 30%，我的才 50% 左右；如果转不成的话我就要考虑以后一定要考研，但是考研的话，我又觉得不能早点出来工作减轻家人的负担……

咨询师： （打断）考研这个决定现在急迫吗？是不是一定要现在决定是否考研？（来询者摇头）应该不是，那么我们先不考虑这个问题。我留意到你多次提到转专业这件事，约我的时候也说希望能将时间定在转专业前，转专业对于你来说是不是很重要？为什么？

来询者： 是，我觉得转专业现在对我来说很重要。我很担心可能转不成功。

咨询师： 所以，你还是希望转成功的，想知道如何提高转专业成功率（来询者点头）。那你能结合转专业的通知要求说说现在你可以做的提高转专业成功率的事情有哪些吗？

来询者： 嗯，成绩方面的要求我已经没有了，我的排名没达到 30%，所以我只能希望在复试的笔试和面试里的分数尽量高一些。他们的通知有一本参考书，我可以去买来看一下，上网查一下电子商务专业是怎么样的。

咨询师： （一边记录）这些你之前做了吗？

来询者： 还没有。

咨询师： 打算什么时候做？

来询者： 明天就可以做了。

咨询师： 好，还有什么可以做的？能帮助你更快了解这个专业和如何准备复习的事。

来询者： 我认识一个师姐是经管学院的，通过她可以找一个电子商务的同学，最好也是转专业的，向对方了解情况。

咨询师： 什么时候要做这件事？用什么方式沟通？问什么问题？你可以想一下再回答。

来询者： 明天就可以跟师姐要对方的微信号，然后问他，当时面试时问了什么问题？要注意些什么？

咨询师： 注意些什么？最好能具体一点，是指笔试还是面试，是指专业知识的回答还是指礼貌礼仪方面。

来询者： 是在面试回答专业问题的时候要注意怎么回答。还有，他去年是怎么复习的。

咨询师：（记录）好的，对于提高转专业的成功率至少可以做这些事情，我把这个记录给你，今晚回去后你把这些事项补上行动的时间，最后还加一列完成后的效果，可以吗？

来询者： 好，可以。

咨询师： 还有什么问题吗？

来询者： 如果转专业不成功，我不知道要不要把100%的精力都放到专业学习上。

咨询师： 100%，如果不是全部都放在学习上，那还可能放到哪里？

来询者： 法学辅修啊。

咨询师： 也就是你在考虑到底要不要去辅修这件事。是否参加辅修跟什么相关？

来询者： 跟我将来的工作有关，但是具体将来做什么我不知道。

咨询师： 现在我们调整一下坐姿，放松一下，如果觉得靠着沙发靠背比较舒服可以靠着靠背，我们看窗外，尽量看到远方，现在是2016年5月11日，时间轴推移到了2026年，十年后，这时候你在工作，你所在的工作场景是怎样的？

来询者： 嗯，在一个高大、明亮的写字楼，我坐在办公桌前。

咨询师： 你的着装打扮如何？周围的同事都在做什么？你在做什么？

来询者： 我穿着像电视上演的那些白领的商务套装，周围的同事在处理一些文档资料，办公桌是隔开一格一格的。我在处理一份文档。

咨询师： 那是什么类型的文档？

来询者： 项目策划书之类的。

咨询师： 这时候来了预约好的合作伙伴，他们进了你的办公室后向你递了名片，这时候你也掏出名片来给他们，你的名片上印的部门和头衔是什么？

来询者： 项目策划部经理。

咨询师： 好的，现在我们把时间轴往回拉五年，如果要到达项目策划部经理这个目标，五年后的你应该是什么状态？

来询者： 应该是在项目策划部做一名普通的工作人员，但是已经有一点经验的积累了。

咨询师： 好的，再往回拉一年，也就是你大学毕业后第一年，这时候你是什么状态？

来询者： 我找到了一个企业，可能在打杂，什么都做的那种。

咨询师： 这是一个什么类型的企业？

来询者： 不知道，但应该是跟项目策划、办公室办公这一类相关的。

咨询师： 那么我们再回到现在，再看你是否要辅修这件事，你有什么新的想法？

来询者： 嗯，还是要辅修，原来我心里是不想从事我这个专业的工作的，辅修才能增加跨专业就业的可能性和成功率。

咨询师： 好的，今天我们的时间差不多了，如果有需要，以后我们还可以围绕你的职业目标具体谈谈。现在我们总结一下今天交流的内容：其一，一起理解了你的MBTI测评结果；其二，关于如何提高转专业的成功率，我们也做了一个待办事项的清单，你做完这个清单后能给我一个反馈吗？

来询者： 可以的。

咨询师： 你定一个时间线吧，具体到几点钟的那种。

来询者： 这周四晚八点吧。

咨询师： 好的。最后我们做了一个职业愿景的互动，初步澄清了你的职业期待。好了，现在还有什么问题吗？感觉如何？

来询者： 嗯，感觉好多了，至少目标清晰了，知道现在该做些什么了，谢谢老师。

咨询师手记

半个月后收到来询者的QQ留言说成功转入电子商务专业，感谢当时的咨询，否则她很有可能停留在想法上，而不会去行动。分享她的喜悦，也使我反思，其实咨询有时候只是给对方一个专门的空间和时间专注于事情，然后抛开顾虑，将想法推进为行动，可能就已经足够。

 知识链接

大学目标的重要性

《爱丽丝梦游仙境》里有这样一个场景，爱丽丝走到了一个通往各个不同方向的路口，她不知何去何从，于是向柴郡猫请教。

"柴郡猫，能否请你告诉我，我应该走哪一条路？"

"那要看你想到哪儿去。"柴郡猫回答。

"到哪儿去，我并无所谓……"爱丽丝说。

"那么，你走哪一条路，也就无所谓了。"柴郡猫回答。

如果我们不知道要前往何处，那么，任何道路都失去了意义。

当学生提出不喜欢自己的专业，不知道未来想做什么职业之类的未来迷失类问题，咨询师不妨从愿景建构出发，启发当事人的感性思考。

"咦，我很想知道，假如不需要考虑任何的干扰因素，五年后的今天，我又遇到了你，你正在做着一份你特别喜欢的工作，那会是什么？在那个画面里你正在做些什么？还有谁？你看到了什么？听到了什么？感受到了什么？"

假如今天的你准备要去一个很远的地方旅行，刚走出家门，一个白衣服、白胡子的神仙突然出现在你面前，他告诉你可以送一件礼物给你，作为你旅途的帮助，但只能选择一种：

（1）一匹《射雕英雄传》里面提到的汗血宝马；

（2）一头被视为神物的单峰白骆驼；

（3）一头强壮的大象。

你会选择哪一个当坐骑？

不管你的答案是什么，下面是我听到过的最好的回答：

看看我将要去哪里旅游。

你是怎样做出选择的？我喜欢宝马，因为很威风，很漂亮，而且可以走得很快，我喜欢这种奔驰的感觉！我不喜欢骆驼和大象，因为太慢了！但是如果是去沙漠，骑大象走不出20公里就得渴死。如果是去草原，要一头骆驼又有何用？

所以当你做出选择的时候，不要取决于当下你有什么样的选项，而取决于它对于未来的你有什么价值。

一件事情的价值，不取决于现在你判断的价值，而取决于未来。

当你面临很多选择的时候，不妨再问问自己：我做什么样的决定或者行动，会更利于得到未来我想要的？

也许，你的梦想重新被点燃的那一刻，你会选a，你会选b，也可能你已经找到了c，d，e……

生涯路上，有一些"漂泊者"，他们精力充沛、梦想远大、适应能力强，但没有真正的目标，是因为他们缺乏真正的目标，他会下意识地进入一切真或假的机会，却在真正需要坚持的时候落荒而逃。漂泊者注定一辈子在躲避些什么，而不是在追寻些什么。

还有一些"航行者"，同样精力充沛、梦想远大、适应能力强，但是他们拥有一个真正的目标。航行者很清楚自己到底要什么，这也让他敢于放弃一些机会，同时真正勇敢面对那些需要坚持的地方。

（资料来源：http：//mp.weixin.qq.com/s/J-UMuzYG28m9qe228N2XTQ）

 拓展阅读

俞敏洪：不喜欢自己所学的专业怎么办？

提问：我是一名大三的工科学生，但我并不喜欢自己所学的专业，而是喜欢文科，我现在每天都要面对电路编程这些问题，虽然目前看来这个专业就业情况不错，但是如果一直从事自己不喜欢的工作并不会感到快乐。

我想请教一下，第一，对于自己完全不喜欢的专业需要如何面对？第二，作为女生从事工科类工作难免不如男生，又不希望自己太过平凡，这样的话到底应该怎么做呢？

我发现中国的大学生普遍都会有一个问题——不喜欢自己大学所学的专业。之所以出现这样的问题，在我看来有三方面原因：

第一个原因是中国学生高中学习的目的更多是为了高考，或者说是为了考上一所名牌大学。因此，他们并没有对自己所喜欢的东西进行认真思考，这就出现了很多学生考进了自己想去的大学，却没有学习自己喜欢的专业。

第二个原因是很多学生根本没有选择专业的权利，大多数都是被父母要求而选择了某个专业。我碰到过不少学生，被父母要求读法律、工科或者计算机，其实他们非常不喜欢这些专业。

第三个原因是很多人表面上选择了自己喜欢的专业，但真正开始学习之后，才发现这个专业并不是自己所喜欢的。而不少大学不允许随便更换专业，因此他们也就只能在这个专业耗着，一直到大学毕业。

正是以上种种原因，导致了有一半左右的学生出现了提问中的现象。我们做过调研，在中国大概有53%的学生并不喜欢自己的大学专业。这也直接导致很多大学生在大学期间的学习动力和好奇心不足，浪费了宝贵的时间。他们精疲力尽地应付着本专业的各种考试，而自己喜欢的专业没时间学，并且没法更换所学专业。面对这种糟糕的现象，我们到底应该怎样去做呢？

第一，我们要确定自己一生中最重要的事情，这件事情其实就是你最喜欢的事。举个简单的例子，对于医生来说能不能赚钱并不是最重要的，救死扶伤才是最值得追求的目标。但很多同学选择学习计算机、法律或者医学，其实都是认为学习这些专业，能在未来找到一份很稳定并且收入颇丰的工作。从实用主义的角度来考虑，这个想法不无道理，但这种物质追求对于人的一生来说真的不是最重要的。

所以，我们要考虑的不是这件事情能不能让我们赚钱，能不能让我们发财，而是自己喜欢的事情到底是什么，这件事情是否能让我们每天都全心投入。一个人的一生，一半甚至一大半时间是花费在工作上的，做不喜欢的工作就像你必须每天都和一个你不喜欢的人待在一起，并且还要不断地跟他交流，这绝对是难以忍受的，甚至可能会引发心理问题和身体疾病。同理，我们在做喜欢的工作时就会身心舒畅、心情愉悦。

第二，如果你已经有了自己确定喜欢的事情，那么请在大学期间做好准备。就像这位提问的同学，如果你在大学时期确定了自己不喜欢电路或者编程，那么你就一定要认真考虑是否更换专业和如何去更换专业。更换专业这件事情并不是很容易，因为很多大学是不允许更换的。但是如果你下定决心，就一定要与老师反复探讨，与学校反复研究，同时也要跟家长反复说明，一定不能随便屈服于家长。如果学校有可能允许你更换专业，那最好不过了。

但如果无法更换，那么你就要为将来做好准备。在本科四年学好本专业，保证顺利毕业。然后利用课余时间把喜欢的东西学好，考取自己喜欢专业的研究生，这也是一个曲线救国的策略。

第三，不要因为看到了某个专业表面上的风光而贸然选择。我们还做过另外一个调研，结果显示换过专业的同学，仍然有40%左右不喜欢自己更换后的专业。这就说明这些同学在更换专业的时候并没有认真谨慎地去考虑。

其实，选择专业和更换专业比选一个大学专业还更需要谨慎思考。任何一门学科，在深入之后都是很枯燥的，都需要艰苦卓绝的努力才能研究得通透。同学们不要因为看到别人学习的专业很好玩、很有趣，不经过思考就进行选择，结果学习了之后发现专业的内在情况并不是想象的那样。所以一定要了解透并且确认自己愿意为它全心付出，再去选择新的专业。

此外，这位同学说到她作为一个女生从事工科类的工作可能不如男生。从现实状况上来说，确实存在这样一种现象。但是，我认为学习某个专业、从事某个职业，最重要的不是性别差异，而是你是不是真正喜欢。从事工科类工作的男生固然很多，但这个行业同样也有很多优秀的女生，我就曾见过很多非常优秀的女性计算机工程师。

"喜欢这份工作"是一个基本的前提，从这个前提出发去思考自己的专业和想要更换的专业，从而选择自己未来最想走的那条道路，才是正确的选择。只有做自己喜欢的事情，生命才会变得充实和有意义。

任何一个人生的选择都是一次与自己的软弱进行斗争后的结果。不愿意换专业或者说不敢换专业，可能有来自父母的压力，可能有学校给予的障碍。但是，无论怎样，你要始终朝着自己喜欢的方向奔跑，这才是人生最值得去做的事情。

（资料来源：https：//mp.weixin.qq.com/s/mPfC6bEsrPaueJpKmjgYsQ）

职业生涯规划篇

案例4：用心探索自我，科学规划自我

咨询师：陈璐

来询者概况：小黄是法学专业大四学生。她是家中长女，有两个弟弟，家庭经济条件一般，因此，小黄希望能找到一份稳定的、收入高一些的工作养活自己，同时帮助家里减轻经济负担。

主要咨询问题：确认自己是否适合做公务员以及如何为考取公务员做好求职准备。

第一次约谈，小黄比预约时间晚了二十分钟到达咨询室。一见面，她就向我道歉。在收纳面谈表中，小黄选择了两个主题，生涯规划与职业选择、求职技巧。为使第一次面谈剩余的四十分钟咨询时间更有效率，我让小黄选择了一个本次咨询中最想解决的问题，她选择了生涯规划与职业选择。

我把考公务员当作我人生的一段经历

我建议小黄先做自我介绍。小黄说自己喜欢写作，但缺乏社会经验。以考取公务员作为自己的第一目标，以到事业单位工作为备选方案。刚刚报了国考，并在前一段时间向一个银行投了简历。她说："其实我并没有限制自己必须做一个与法律有关的工作。"

我不禁产生了一个疑问，既然小黄有明确的就业方向，那对职业生涯规划与职业选择的疑问是技巧问题还是其他问题？于是我进一步问小黄选择做公务员的原因。

小黄说，家里人觉得公务员很好，工作稳定，适合女孩子去做。她自己也觉得有相关的经历，适合做公务员的工作。

我心里隐隐担忧小黄不是在追求一个自己喜欢的职业，而只是做他人认为好的事情。于是我问道："你喜欢公务员哪些方面呢？"

小黄停顿了一下："公务员的工作稳定，薪水也高，会让我的生活至少无忧。我们专业有不少毕业生都考上了公务员，他们可以给我很多经验上的参考。还有家人都很支持。我是一个很重情感的人，一般父母提出的建议，只要不引起我的反感，我都会尊重他们的意见。"

我简单地总结："那是不是意味着在你看来，亲人的意见和稳定的生活是比较重要的呢？"

小黄点头。

我进一步问："那你了解公务员的工作吗？在你的理解当中，公务员的工作状态是怎样的？"

小黄说："我没有做过相关的实践工作，但是我在学院一直从事一些学生工作，我想两者之间是有相同点的。我以前做过一个职业测试，结果显示我是一个社会型的人，我想我适合做这种社会性质的工作。另外，我有个叔叔是在老家的海关工作，我这次国考就是听了他的建议报的海关。可是……现在好后悔哦，海关有好多人报。下次如果再报的话，我一定会选与法律有关的职位，这样竞争就会小一点。我问过我叔叔，他说做公务员就是循规蹈矩，不要犯错，刚开始的几年有点辛苦，熬过去就可以了，每天准时上下班，待遇又好。"

小黄的答案显然对公务员的工作内容只是一种模糊的印象，并没有亲身的实践经历。我进一步细问："那你了解过公务员中离职的人是因为什么吗？"

小黄说："那些人觉得公务员的工作太稳定了，甚至有点枯燥吧。其实老师，说真的，什么工作都一样，干多了，时间长了也是会这样的，关键在于我们自己怎么调整而已。我在年级党支部工作了这么多年，都已经习惯了。一开始，看到别人都不干，自己一直干这么多活，心里很不是滋味，后来都想开了，自己调整最重要，严格对自己的要求，才能帮助到别人。"

我简要说明了生涯规划的前提是要对自我有清晰的了解、对工作有调查和认识，进而探究两者间的匹配。我问小黄："你期待公务员的工作是可以让你带着责任去做，还是带着快乐去做呢？"

小黄沉默近半分钟后说："无论什么工作都应该把它做好。如果我考不上公务员，我会争取做检察官，这样可以帮到别人，我也会觉得快乐。"

从刚才的回答中，我感觉到小黄的个性中还喜欢帮助他人以实现自己的价值。我需要进一步探明公务员的工作究竟是她所爱,还是受他人影响。"如果现在你投的那个银行决定聘用你,那你还会去考公务员吗?"

"会,我认为公务员是我人生的一段经历。如果我考上了,我会选择做公务员。"

问到此,我感觉小黄还是喜欢公务员工作多一些。于是我问小黄:"为了这次公务员考试,你做了哪些准备?"

小黄说:"大一时我就开始留意公务员相关信息,毕竟我们专业的前景本来就是走行政和司法这两条路线。但是师兄、师姐当时建议我不要那么早准备,很容易会忘的,最好考之前再做复习和准备。我前段时间刚刚考完司法考试,就回家休息了一个星期。前些天刚报完国考,现在还没有来得及做准备,总是断断续续,被其他事情打断。不过,每次国考能考上的人不多,这次就当是练兵吧。"

"其实,无论竞争大小都需要做充足准备的,你认同吗?"

小黄点头。此时离咨询结束还剩下五分钟时间。我开始做一些简单小结并安排下次咨询前小黄需要准备的事情。"我建议你在下次咨询前做以下一些尝试,以便我们更有针对性地进行咨询。其一,能否进一步了解身边的公务员,清楚他们的工作状态,看看那些离职的人离开的原因,看看公务员有什么具体素质和能力的要求,他们的晋升渠道是怎样的。其二,能否为你未来的公务员生涯制订一个规划,三十岁的时候想做到什么,四十岁的时候想做到什么,以此类推。"

小黄露出为难的表情:"规划人生好像还太遥远,我不知道以后会发生什么事情。"

"那我们可不可以先尝试从短期规划做起,比如规划如何准备公务员考试,每天要做什么,用量化的方式把这个规划做详细,帮助自己有效地准备公务员考试?"

"对,我也觉得需要这样一个计划。还有,老师,我还想咨询求职技巧的问题,我需要做一些什么准备吗?"

"求职技巧中,你最想咨询哪一部分?"

"求职简历和面试。"

我建议小黄下次来询时把简历带上,便愉快地结束了本次咨询。

我需要不断探索

第二次咨询时,小黄如约来到了咨询室。这次小黄穿了一套职业装,她问我好不好看。我说:"很正式,感觉和第一次见面时有很大的不一样,显得你很干练。"

"真的吗？谢谢老师。"小黄非常高兴地坐下了。

她从包中拿出了自己的计划书，关于公务员备考准备部分如下：每天花两个小时复习申论和行政能力测试，用半个小时浏览人民网等时政内容，每周日做一次真题练习。学期期中的时候参加学校的模拟公务员面试活动，增加自己的相关经验。

我肯定了小黄的规划，并了解了小黄的规划执行情况。

小黄说："一开始执行的时候并不是很习惯，总是有其他的事情打断自己的计划，慢慢地又觉得好了一点。"

我大大地肯定了小黄的做法："这是一个很好的开始。"

"是的。"小黄显得很开心。

我们继续跟进上周留下的任务。"那关于公务员离职的情况，你调查过吗？"

小黄说有，但因认识的人不算多，只能零散地向几个公务员咨询，他们说有些人是因为受不了那种规律的生活，受不了种种应酬，或者看不惯官场黑暗的一面。

"这些方面，你都能接受吗？"

小黄想了想说："我想不是每个公务员的工作都需要天天应酬的，也不是每一个公务员单位都是黑暗的，我愿意尝试和挑战，很多事情我都需要不断地探索，要不然，人就不会成长了。一件事情是好事还是坏事，要看自己怎么去想。"

"我有个建议，我们能否结合这些新的信息，一方面继续做好备考的工作，一方面一步一步地做自己的职业生涯规划？"

"嗯，我会去尝试的。老师，其实我有个想法，不知道能不能实现。我妈妈能做一手好菜，她也很喜欢和别人分享自己的厨艺心得，她还教我做很多菜。如果我工作一段时间之后，经济情况和妈妈身体情况允许的话，我想开一家私房菜馆，让我们的厨艺可以和更多的人分享。"

"真的？"我有点惊讶，原来小黄的人生当中还有一件想完成的事情，于是我进一步鼓励她做职业生涯方面的规划，看看这个新出现的想法能否与她的职业生涯结合起来。"那你打算怎么去平衡公务员的工作和你刚才提到的想法呢？"

"嗯……我会先考上公务员，养活自己，存钱作为开私房菜馆的经费。在公务员的工作中，我也想做出自己的成绩。这样可以把私房菜馆作为自己的副业。做菜只是我的一个业余爱好而已，我不能确定它一定可以保证我有钱赚啊。我还是想做公务员，通过自己的努力一步一步晋升上去，做到事业上有所成就。"

"那你打算怎么去实现呢？"

"我现在还没有想好，毕竟妈妈的身体情况和市场需求情况都有可能会变化，我只能尝试去做一下规划。"

我提醒小黄:"生涯规划要视社会环境的变化,或者自己兴趣爱好的根本性改变而调整。如果规划经常改就没有指导意义了。我们在做规划的时候要想清楚各种可能出现的情况,事前想清楚,真正实施起来就会显得从容一点。"

小黄点头,随后拿出一份简历请我帮助修改。

接着我和小黄进行了自我介绍和公务员面试常见问题的模拟训练。在征得小黄同意的情况下,我拿出相机录下了小黄的模拟片段。在此过程中,小黄很认真地做了记录,还试图和我一起探讨如何提高求职技巧。

最终,小黄带着自己的短期规划和修改后的简历离开了咨询室,她将进一步探索自我,制定更为详尽的职业生涯规划书。

 咨询师手记

本案例涉及职业生涯规划与管理、求职技巧、决策以及行动计划的制定。从本案例可以看出,职业咨询不是授人以鱼,而是授人以渔的过程。小黄在咨询师的引导下一步一步加深了对自己和职业世界的认识。同时,小黄对计划的执行力还是较强的。因此,指导老师只要帮助小黄理清思路,教给她探索的方法,给小黄留出执行的空间,她就能做出属于自己的职业生涯规划。

咨询中有以下三点体会:

(1) 要时刻牢记"来询者第一"的原则。每个人的生命都有自己的历程,他们总会因为成长中的各种人或事影响自己的价值观和决策的方法。所以,根据来询者的情况决定使用什么工具和技巧尤为重要。

(2) 纠正学生惯有的思想,能做到有主题地咨询,提高了咨询的针对性。学生总希望一次咨询就能够得到一个切实解决问题的办法。因此,从第一次咨询开始,我和学生就达成共识,为达到最佳的咨询效果,我们会进行一次以上的咨询,双方在约定的时间内都需要空出时间,并按咨询进度需要做相关的测评或信息收集工作。

(3) 个性化的求职技巧训练更有效果。由于学生缺乏经验,在求职过程中会遇到各种疑问,老师要通过个体辅导,针对性地解决学生在求职中存在的技巧问题。

案例 5：怎样运筹帷幄，寻找满意的实习工作？

咨询师：苏旭东
来询者情况：小张，女，本科三年级，地理信息系统专业
主要咨询问题：如何找到一份合适的工作

小张性格外向，擅长与人交往，但又喜欢独处，文笔较好，崇尚写作体验成就。父母都是一般的工薪阶层，还有一个姐姐在某普通高校就读，今年毕业。小张目前打算毕业后直接去工作，所以希望现在能找到一份好的实习工作，以此积累经验，增强自信，提升以后求职就业的竞争力。为此，她多方奔走寻找实习工作，对计算机编程类、销售类、物流类、行政助理类等职位都试着投简历，结果都是石沉大海，杳无音讯，唯一的一次面试经历也终告失败；另一方面，小张又不清楚自己到底想做什么、能做什么，只有一个很模糊的实习的概念，羡慕周边的同学，看到即使腼腆、内向的同学都轻易找到了实习机会，自己内心很焦急，希望能通过咨询尽快弄清楚。

通过交流了解到，小张当前的主要烦恼是希望找到一个好的实习机会，但又苦于不知道自己究竟适合什么，因而有些无所适从，只能干着急。

首先，我请小张填写了收纳面谈表，并对小张提出的问题进行梳理总结，以便帮助其明确自己的优势与劣势。根据小张的情况和需求，设计整个咨询方案。

小张需要解决的问题有四个：
（1）更好地认识自己，发掘出自己的需要，进行实习职位的定位；
（2）掌握认识职场的途径及方法；
（3）怎样制订实现目标的行动计划；
（4）怎样处理好与面试官的人际关系。

我确定了规划思路：根据霍兰德人格类型理论设计了总体的咨询方案。

第 1 步：协助来询者进行自我认知

帮助小张进行"实习梦"的演变（兴趣—喜欢什么/性格—适合做什么/技能—能胜任的/价值观—最看重的），使她真正认识自己，了解自己的优势与不足，了解自己的求职意向。

第 2 步：协助来询者进行职业认知

帮助小张进一步了解实习职业、职位以及它们的具体要求，通过分析筛选锁

定职业目标,对锁定的职业目标进行全方位的分析。

询问问题包括:

(1) 最喜欢家族中人从事的职业/为什么喜欢他(她)从事的职业?

(2) 家庭希望你从事的职业/自己希望从事的职业/自己曾经梦想的职业;

(3) 专业对应的职业/热门行业对应的职业/地区特有行业(地区优势行业/收入前十名行业);

(4) 目标职业详细描述/职业准备详细清单。

第3步:职业定位与职业匹配决策

根据霍兰德人格类型理论中的适配性、区分性、一致性特征,对最终选择的实习职位进行人职匹配。根据职位匹配的结果,协助小张设计自己的职业生涯,能冷静且客观地分析各种选择的利弊得失,系统地收集相关信息,最后的决策也以最有利的条件为依据。在咨询中,要避免利用相关工具得出逻辑结果的错误引导来取代来询者自己选择的权力,因为最终的决策者还是来询者本人。

采取方式包括:

(1) 职业选择——抉择:SWOT分析/生涯平衡单;

(2) 人职匹配——定位:圈定行业领域/选择单位性质/确定具体岗位。

第4步:求职规划以及求职行动指导

运用SMART原则,协助小张进行实习职位信息、求职渠道网络分析,制定简历及求职技巧的指导等。

采取方式包括:

(1) 规划各种目标:人生目标/长远目标/中期目标/短期目标;

(2) 规划发展模式——路径:职业发展模式/职业发展路径;

(3) 规划风险预防:职业发展备选方案。

征得来询者小张同意之后,咨询设置为每周一次,共3次。在最后一次面谈的前几天,小张欣喜地给我打来电话说自己通过辅导员已经找到了一个暑期实习生的机会,自己还比较满意。听到这样的好消息,我也松了一口气,毕竟职业规划的目的就是帮助来询者解决求职的困扰,助人自助。

咨询师手记

在兴趣探索中,我花费了较多的时间。一方面,由于小张对外部形势及一些问题的认识和理解还不是很理性、客观,因此需要详细解释和反复澄清。比如对营销、管理等岗位的职责和内容缺乏基本了解，对领导能力的认识更是存在很大偏差；另一方面，尽管采用了霍兰德职业兴趣量表这一正式评估工具，也得到了看似精确的结果，但实际上与来询者的真实情况还是存在着一定的差异，因此不能过于依赖测评工具，更不能将测评的结果直接作为来询者的特征认定，只有在掌握足够信息的基础上进行不断推敲和确认，才能得到比较准确的结果。

另外，关于信息的获取也不能太发散，要有主线，有针对性，同时还要做到有效过滤，否则既浪费时间，也容易混淆思路，难以聚焦。在能力探索中，由于时间有限，没有让小张写出足够多的成就事件，导致分析的过程中所能获取的有效信息很少，难以全面刻画出来询者的能力。

对于实习者而言，谁都希望找到一份可以发挥专长、待遇高、地域好、有美好前景的实习工作，为以后真正择业打下人脉基础和锻炼职业技能。可是，面对激烈的竞争，要调整好心态，准确定位，抓住时机，早做决断。实习生找工作，表面上看是选择职业的问题，实际上是为未来打下职业基础的重要问题，择业就是要做选择，选择适合自己的职业发展方向，集中目标，强化发展，通过先实习再就业，实现从无工作经历者到行业人才的提升。

 **案例6：如何聚焦？**

咨询师：方晓湘（在本案例中是教练）

来询者概况：小郑，女，本科三年级

主要咨询问题：下半年即将升入大四，想努力的方向有很多个，但又不知道该往哪儿使劲儿，希望自己能够聚焦。

小郑，女，大学三年级，商务英语专业。在校学习情况良好，曾担任过学院学生干部。来咨询时处于大三的第二学期，因在未来职业去向上存在困惑，不知如何为就业做准备，于是预约咨询。

作为一个大三学生，出现这类困惑是具有普遍性的，而且本身这个学生整体情况比较良好，所以我认为是可以用教练技术来帮助她的。在建立教练关系阶段，我首先感谢她对我的信任，确定在教练过程中她称呼我"方老师"，我叫她"小郑"，并和她约定了教练咨询的协议。

和小郑建立了教练关系后，我问她："你期待在这一个小时的谈话中，我们来共同探讨什么问题呢？"

小郑开始跟我描述她的困惑："时间过得太快了，现在都大三了，我最近就在想，暑假应该是去找实习还是准备考教师资格证或者公务员？我没有确定的目标，很迷茫，不知道接下来该干什么。一想到很快就上大四了，好焦虑。"

从她的表情和手部的一些小动作，我感受到她的焦虑和些许不知所措。为了进一步澄清问题，我对她说："其实你刚才说了好几个问题，为了减轻你的焦虑，你当前最期待解决的问题是什么？"

她沉默了一会儿，说："我想明确自己应该朝什么方向努力。"

下面是我们的主要对话过程。

教练：关于这个问题,如果非常明确是100分，你现在的清晰度是多少分？

客户：我想最多打到30分吧。

教练：你觉得到多少分才是你满意的结果？

客户：（想了一会儿）起码90分吧。

教练：假如你对自己应该朝什么方向努力的清晰度达到了90分，对你来说意味着什么？

客户：如果那样，我也许就不会那么纠结了。确定去公司工作，那我暑假就努力去找一份实习，积累工作经验；确定去当老师，我就要花一些时间准备教师资格考试；确定当公务员的话，暑假就要认真复习与公务员考试相关的东西。主要是时间和精力是有限的，做不来那么多事情，不知道如何取舍。

教练：那这个问题最迟什么时候需要得到解决？

客户：暑假开始之前吧，之前没有想清楚去公司工作还是考公务员或是当老师，浪费了很多时间，我想利用暑假为就业做一些准备。

教练：关于你提到的实习、考教师资格证和考公务员，你都做了哪些准备？

客户：还没有，本来上了大三就可以实习了，但是我不想缺课去实习，所以一直没有去。教师资格证也看了考试的一些大纲，因为复习不充分，还没去报名，想着今年考秋季的。公务员考试也只是大概了解了一下，还没有正式开始准备。

谈话到目前，我感觉教练的目标已经基本清晰，她希望在暑假开始之前明确自己是该为去企业工作而准备，还是为成为教师或公务员而努力，以及如何努力，起码达到90%确定的程度。我也和她进一步对目标进行了确认。

教练：不管最后如何选择，你期待的最好的就业结果是什么？

客户：我想找到一份稳定一点的工作。

教练：你说的稳定是指什么？

客户：就是待遇比较稳定，工作也不用常常变来变去，我希望留在珠三角地区，当英语老师或者公务员，当然，实在找不到也只能去公司了。

教练：假如三年之后，也就是你毕业两年之后我们再见面，我向你要一张名片，你名片上的职位会写什么？

客户：啊？只能写一个吗？

教练：是的，最主要的那一个。

客户：（想了一会儿）郑××，××中学英语教师。

教练：你能告诉我这样回答背后的理由吗？

客户：我觉得英语教师这份工作还是比较稳定的，更加符合我的性格吧，而且我的专业商务英语本身也是跟英语有关的，专业也还算对口。

教练：我听到工作稳定和专业对口对你来说很重要，是这样吗？

客户：嗯，学了几年英语，而且自己也喜欢，还是想从事这方面的工作。老师，我好像明白一点了，自己还是更想当老师的。因为公务员虽然比较稳定，但是跟专业相关的职位不多，竞争比较大；公司的工作可能专业会对口，但是又不够稳定。

教练：那你现在的努力方向的清晰度提高到多少了？

客户：（笑了一下）75分吧。

教练：很好，我们已经进步了45分了。你觉得我们还要做什么才能提高到你满意的程度？

客户：教师资格证对于一个想当老师的非师范专业的学生是必需的，但是有这个证也不一定能够当老师。我不知道还应该怎么做才能让自己更有竞争力。

教练：你的身边有没有成功的例子可以借鉴？也就是你们专业的学生成功地当上老师的。

客户：有，我听说过有师姐成功的，但具体不了解。

教练：你觉得有什么办法可以让自己了解得更多？

客户：我想办法联系一下师姐吧，然后也问问师范班的同学。

教练：你会在什么时候之前做这些事情？

客户：接下来一个星期吧。

教练：你具体会联系哪些人并咨询他们？

客户：我找辅导员要师姐的联系方式，师范班我认识的有××和×××，可以问问她们。

教练：好的，那我们约定一个星期之后根据你所了解的信息再沟通一次。

一个星期之后我和她又进行了一次教练咨询。她给我反馈了访谈的一些情况。

客户：老师，我问了一个大四的师姐，也和我认识的师范班同学聊了一下，她们说应聘的时候大多数单位都要求非师范生提供教师资格证，这样，我好像来不及了。现在教师招聘都是教育局统考的，考试要考很多东西，过很多关。我又迷茫了。

教练：上次你说自己朝着成为一名老师努力的清晰度已经有75分了，现在你会打多少分？

客户：50分了吧。

教练：你是希望放弃努力成为一名老师这个选项，还是我们继续努力提升清晰度？

客户：我还是希望能够当老师。如果那样我就要很努力一次性通过考试，拿到教师资格证再去考教育局的工作岗位。或者我也可以先试试一些没有要求教师资格证的学校。

教练：好的。根据你的了解，成为一名英语老师需要具备哪些能力？

客户：教育相关的知识、英语能力、设计课堂把知识点教授给学生的能力。

教练：还有吗？

客户：还有控制好课堂纪律的能力吧。

教练：那你觉得自己可以如何获得这些能力？

客户：多看书，准备教师资格证就需要背很多相关的东西。

教练：还有吗？

客户：有机会练练手，比如去培训机构上课。

教练：还有吗？

客户：或者联系中学去听听课，争取能得到机会讲课。

教练：你现在可以做的是什么呢？

客户：（思考了一会儿）我想暑假可以继续按照大纲准备教师资格证考试，这个过程也会学到很多成为老师必需的知识。还有在假期努力找个培训机构上课，一来积累教学经验，二来完成实习任务。

教练：实习任务？

客户：是的，因为实习有学分要求的。

教练：实习是必须完成的，还要准备考试，你对自己完成这些有多少信心？

客户：应该可以，本来我就有复习教师资格证考试的打算。我想应该可以把实习和备考结合起来，我们好像也是可以找培训机构实习的，就是不一定找得到。或者我可以这样，找个亲戚的公司实习一小段时间，完成专业实习学分要求，然后把主要精力用来准备考试，下学期我们也有几周不用上课，我可以联系我的母校去听课，请求老师让我讲一下课。

教练：很好，你还想到一些办法来把实习任务和备考结合。有什么样的方式让我知道你做了这些？

客户：我给您写一份暑假计划吧。

教练：什么时候给我呢？

客户：下周一早上。

教练：很好，那我们说定了，你写完发到我的邮箱＊＊＊＊。关于应该朝什么方向努力，你的清晰度是多少了？

客户：100分了。

教练：那我们这次的教练就到此结束，好吗？

客户：好的，谢谢您！

 **咨询师手记**

这是一个进行了两次的咨询,在这个咨询中使用的是教练技术。生涯教练咨询的核心就在于五大信念、六大原则和提问技术。

五大信念包括:①人们是 OK 的。②人们会在当下做出对自己最好的选择。③人们拥有让自己幸福快乐的所有资源。④行动的背后有正面的动机,而动机就蕴含在人们的愿景和价值观里。⑤改变不仅是可能的,而且是不可避免的。

六大原则包括:①信任,相信客户能够做到。②倾听,3F 法,即 fact、feel、focus,要听到客户背后的意图、动机。③聚焦,聚焦到"我真正希望拿到的价值",聚焦当下、聚焦快乐、聚焦正向价值。④好奇,教练的好奇是跟客户目标有关的、正向的、未来导向的。⑤正向,关注"可能性"而不是"缺乏什么",关注"未来"而不是分析"为什么"。⑥零建议——客户对结果负责,教练对过程负责。

教练提问有三个特点:①多问"什么",少问"为什么"。②多关注"现在和未来",少关注"过去"。③多关注"可能性",少关注"缺什么"。

这个案例中,教练相信客户(学生)是可以做到明确自己努力方向的,并且自己拥有资源和办法。整个过程中教练都在提问,不给予建议,推动客户思考自己要什么,有什么资源或者办法,如何采取行动去达成。

提问的思路是教练技术中的典型工具"逻辑层次",如图 4 所示。逻辑层次可以从上往下问,也可以从下往上问,还可以从中间切入。本案例中是从上往下问,到价值观那里来询者已经清晰了一些,如果已经达到咨询目标,也可以结束咨询。但是案例中小郑在能力方面认知还不足,整个教练的目标还没有达到,所以先让她回去搜集信息。在第二次教练过程中,在澄清了第二次教练目标后,继续问能力、行为和环境。通过这样的提问思路,来询者逐渐清晰了自己的努力方向。

(1) 愿景:人人都有愿景,每个人的愿景有大有小,比如,有的是探索人生愿景,我这辈子要成为什么样的人,或者此刻我面临什么样重大的人生决策。又如,不管最后如何选择,我期待的就业最好的结果是什么?基本在大学生当中,很少有谈到人生价值观的。没有愿景就没有期待,没有期待就不会有改变的愿望,没有愿望就不会有改变的痛苦。没有愿景的人是不会有问题的。咨询也如此,对咨询本身没有期待,我们就没法往下走。澄清愿景和期待,是第一位的。

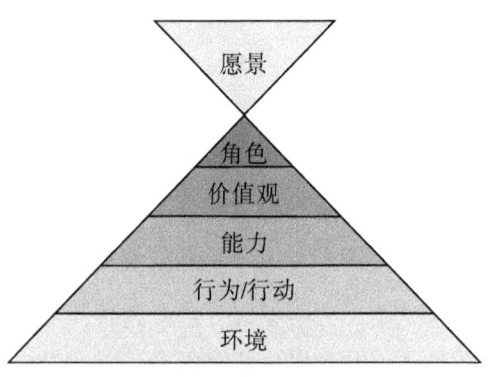

图4　逻辑层次

有一种愿景叫终极目标，客户来咨询的问题是他终极的目标，与生命使命连接在一起；还有一种占大部分的叫阶段性目标，这十年重心是什么，这两年侧重点是什么；还有的愿景是当下的需求，在这一个月里我应该以什么为重，现在对我来说，什么是最重要的。

（2）角色：可通过以下提问澄清角色。比如在那个理想的画面中，你的身份是什么？假如这个时候要颁发一项终身成就奖给你，你最期待这项奖项是关于哪方面的？假如这个时候有人问你要一张名片，你名片上的职位会写什么？假如这时候有陌生人与你交谈，他问你是做什么的，你会怎么回答？假如三年之后，也就是你毕业两年之后我们再见面，我向你要一张名片，你名片上的职位会写什么？

（3）价值观：有角色的选择，就必有价值观。价值观的提问可包括：这个世界上的工作有千万种，为什么你觉得××是你最理想的工作呢？我很好奇，为什么你觉得这样的人生才是最有意义的人生呢？我想知道，为什么成为一名××在你看来是有价值的？能否告诉我，之所以这样选择，背后的理由是什么？

（4）能力：能力包括两种。一是已经具备的能力。比如，选择这样的工作，你觉得可以尽情展示或者发挥你哪些方面的能力、天赋以及个性特点呢？实现这样的人生，你觉得和其他人比较，你自身最大的优势有哪些？成为这样的人，可以最大限度发挥你哪些独特的潜能呢？二是有待提高的能力。比如，假如要在未来实现这样的梦想，你觉得还需要提高哪些方面的能力？假如成为一名××，你觉得最需要完善的还有哪些方面？除了刚才提到的那些你已经拥有的能力，你觉得接下来还需要提高的能力有哪些？根据你的了解，成为一名××需要具备哪些能力？

（5）行为与环境：行动层面，如果要在……实现……你觉得你大概的行动计划会是什么？假如要在……提高……能力，你可能要迈出的第一步会是什么？为了实现……的人生，你需要分哪几个阶段呢？我想知道你最有可能采取的行动步骤是什么？你现在可以做的是什么呢？你对自己完成这些有多少信心？环境层面，假如要在……提高……，你觉得一年之内，你最有可能完成的计划会是什么？以你对现实世界和个人习惯的了解，你觉得最合理的行动方案会是什么样的？假如可实现性在90%以上，对你来说，比较合理的计划会是什么样的？

案例 7：向左走？还是向右走？

咨询师：段晓岚

来询者概况：翠翠（化名），本科三年级，心理基地班专业

主要咨询问题：最近在未来规划上和父母产生分歧，不知道是该按照父母意愿考研回东北师大还是该出国留学。

一、收纳，建立关系

来询者： 您好，段老师，我是翠翠。

咨询师： 你好，翠翠。

来询者： 最近在未来规划上和父母有一些分歧，主要是出国和考研之争，因为我即将回校，不管是哪边都要尽快投入准备，父母希望我赶快定下来，所以我急切地想听听您的专业意见。

咨询师： 翠翠，请先填一下咨询收纳表，整理一下自己的思路。同时，请做职业价值观测试，写三件成就事件，借机了解一下自己，好吗？

来询者： 好的，我做完一起发给您。

咨询师： 好，等你的消息。

来询者： 段老师，资料我已经整理完了，现在发给您。

咨询师： 很棒！我仔细看一下。那咱们约周二晚上20：00—21：00好吗？以微信音频的方式进行。

来询者： 好的，到时聊。

二、澄清

咨询师： 翠翠，晚上好！

来询者： 段老师，晚上好！

咨询师： 那咱们开始。咨询收纳表里提到，职业规划方面你和父母的意见不一致，具体是怎样的呢？

来询者： 我今年大三，计划去美国留学，因为国外大学的心理学专业相对更先进些，回来找工作相对也会更好。父母希望我能考东北师大的研究生，因为

我是独生子女，他们希望我能留在他们身边，不必一个人在外边打拼那么辛苦。最近不是总有新闻说，留学生在外边怎样怎样啦，他们就更不放心了。我不大想回东北，所以有些犹豫。

咨询师：可以理解。无论长多大，儿女在父母眼里总是孩子，总本能地想去保护。就像我父母在老家，到现在还会天天看天气预报，看到有台风暴雨，就会打电话问——看天气预报你们那里有台风，你没事儿吧？像你还在学校，父母的担心可想而知了。可是孩子们长大了，又想过自己的生活。那么你打算怎么说服父母呢？

来询者：我很想去美国留学，因为希望走一条更好的路，学习些先进的技术，回国后可以找到更好的工作，只是还没想好该怎么说服父母同意。

咨询师：我曾经就这个问题，问了一个在985大学工作的博士生导师朋友，他的回答是——如果经济允许的话，当然是要出国去看看，因为心理学在国外做得会好一些。那，先说主要的问题——家里的经济怎样？去国外要四五十万元一年吧？

来询者：家里经济还可以，如果父母同意的话，费用是没问题的，只是他们不想让我去国外，我来广州他们已经觉得很担心了，更别说一个人去国外了。父母希望我毕业后能在东北师大教书，离他们也近一些，不必那么辛苦。

咨询师：你认可父母想让你去东北师大教书的目标吗？

来询者：认可。东北师大相对其他大学来说，更容易实现些。

咨询师：好，目标明确就好，那接下来就是从哪条路走了。

三、分析

咨询师：你的霍兰德测试结果代码是ESA，定位做大学老师是适合你的。具体的解释看了吗？

来询者：看了。感觉准确度还可以吧。

咨询师：好的，人是比较复杂的，测试结果仅供参考。接下来，咱们分析一下这两条路。你先说说去美国留学吧，是可实现的吗？难点在哪里？

来询者：去美国留学，我需要准备GRE考试，TOEFL已考成绩81分，需要继续刷英语分，考试会有一定的难度。同时需要和相关大学导师联系，了解详细的信息，熟悉了之后才更容易获得认同。听说在国外读研，毕业会有一定的难度，不知道自己能不能适应。

咨询师：你是担心一个人在美国不适应吗？

来询者：不是的，我英语还不错，曾经在加拿大做交换生，专门和当地的学生交朋友，回来后还在联系，我对于这些是很有信心的。主要是英语授课的课程，我可能需要付出更多，还要发表论文，那里认识人很少，难度会更大，不知道会不会顺利毕业。

咨询师：是的，国外留学毕业确实需要付出更多，不过收获也更多，比如现在很多211、985院校招聘老师，通常都是要海归博士了。

来询者：是的，华师现在也是这样的。

咨询师：我给你举个在国外留学成功的例子吧。

来询者：太好了，老师！

咨询师：有个朋友的女儿，现在在美国哥伦比亚大学读博，是特殊教育专业的，在美国还是学霸，成绩比很多当地学生都要好。其实只要努力，还是有成功的可能的。

来询者：是啊，她太棒了！

咨询师：那咱们继续说父母为你选择的考研回东北师大吧，父母选择的原因是什么呢？

来询者：主要原因是考东北师大的研究生容易些，离他们近，方便照顾，我也不用那么辛苦。据他们了解，现在考东北师大的研究生，如果在那里继续读博士，留校的可能性很大。至于我想出国留学，可以在读博时通过联合培养办学的方式出国一年，也有了留学的经验，更容易留校。

咨询师：听起来很不错，你的顾虑是什么呢？

来询者：东北师大在国内不算很好的大学，如果在那里读研，平台没那么好，会对今后的发展有一定的影响。要是选择一所好的大学出国留学，结果就会有很大不同。

咨询师：对的，单单从理论意义上来说，当然是出国留学更好些，既是你想要的，且利于今后发展，从现实角度看呢？

来询者：从现实角度看，回东北师大读研会容易实现些，出国留学相对难些。

咨询师：对于自己选择的留学这条路，你有信心能实现吗？

来询者：60%吧，我也不大确定能不能行得通，可能就是这个原因，所以才不知道怎样说服父母吧。

咨询师：找到问题点了，假设说你的信心是100%的话，父母给你些小的打击，可能会降至80%，你还是有勇气去努力实现的。现在只有60%，父母不同意，就可能会降至40%，因为自己底气不足，所以才犹豫。

来询者：老师，其实我还有一个折中方案，就是考香港的研究生，这样离父母近，费用没那么多，但还是比内地的研究生好些，您觉得呢？

咨询师：常规意义上来说是这样的。你的思想很成熟。在你选择职业规划时，可以参考职业价值观测试结果，你的前三位分别是：美的追求、安全稳定、管理权力，看哪个选择更能满足你的需求。比如安全稳定哪条路更好呢？

来询者：当然是考东北师大的研究生啊。

咨询师：其他两项也是如此，一一去比较，得出的结果会更契合自己的需求点。考香港的研究生从现实意义上有哪些需要考虑的呢？

来询者：如果是去美国留学，大学都比较好，可以选择的范围比较广，香港就那么大的地方，就那么几所学校，可选择的范围本来就不多，心理学做得比较好的就更少，如果我没有被提前联系的学校、导师选中，就会很被动了。

咨询师：刚才也聊到，你的目标是在未来几年后去东北师大任教，就实现这个目标而言，哪条路相对更适合些？

来询者：也不一定。考东北师大研究生把握大些，父母让我报考心理学院院长的研究生，这样再读博士留校的可能性更大，但这样起点低了，而且几年后的事情、政策怎样变很难说。出国留学或者读香港的研究生的话，如果我学习比较顺利，能发表几篇论文，就不一定非要进东北师大，甚至可以直接进更好的学校了。

咨询师：相对来说，有没有更接近的答案呢？

来询者：回东北师大读研。不过还有些不大想走这条路，有些不甘心。

四、行动方案

咨询师：翠翠，今晚聊了这么多，前提是基于你提供的这些资料及目前沟通获得的信息，如果想让自己的选择更加准确，支持的相关信息、数据就要更加完整准确。关于东北师大留校任教、出国留学和香港读研的信息是自己调查后的结果呢，还是自己猜测的呢？

来询者：东北师大的信息是父母收集的。有个同学在香港读研，本来以为他会去国外读博的，结果他还留在那所大学，说香港非常不错。出国留学的信息了解得不多，需要进一步补充。

咨询师：好的，可以找到培训机构，了解一下考试的相关细节、难度指数，找到有美国留学经验的亲戚、同学，详细了解一下留学期间的适应情况、学业情况等,更利于做出适合的选择。

来询者: 嗯,我会再去补充一些信息的,谢谢老师。

咨询师: 看你现在还没有做最后的决定,我发你一个职业决策平衡单,可以根据咱们今天沟通的内容,加上职业价值观测试结果,系统地整理一下思路,看看分析的结果是怎样的,如果规则不清晰,可以随时联系我,好吗?

来询者: 好的,谢谢老师。

五、结束

咨询师: 翠翠,关于职业规划如何选择的问题,还有需要沟通的吗?

来询者: 暂时没有了,我会再思考一下,看看怎样更合适。

咨询师: 不管做出怎样的选择,都需要付出一定的代价,所谓的取舍就是如此。确定目标,选择相对适合自己的路,持续努力即可。

来询者: 谢谢老师,假期麻烦您了!

咨询师: 谢谢你的信任,加油!等你的好消息。

(第二天)

咨询师: 结果怎样?

来询者: 我想好啦,准备考研,现在已经在上政治班了,感觉还可以,是个值得全力奋斗的目标。

咨询师: 对了,考研是东北师大还是香港呢?

来询者: 东北师大。

咨询师: 选择的原因是?

来询者: 短时间内比较可行,离家近。

咨询师: 还没做平衡决策单就已经有决定了,对吗?

来询者: 是的!

咨询师: 恭喜!加油!

来询者: 谢谢老师,我会努力的!!

 咨询师手记

来询者是个思想相对成熟的学生,非常清楚自己想要什么,只是因为恰好在人生的十字路口,面临较多选择,与父母意向不一致,且准备时间较急促,产生了些许焦灼,不知如何选择。参考霍兰德职业兴趣测试结果、三件成就事件,逐步验证了来询者对于大学任教的职业定位有较高的契合度。对于面临的三个选择，结合职业价值观测试结果，进行了详细的分析，来询者更加完整地分析了每个选择的优劣，明确了怎样才能实现在东北师大任教的目标。经过慎重的考虑，来询者找到了适合自己的选择，并已经开始了努力。所有选择的纠结，大多来源于想要的太多，不清楚会付出什么代价，不了解需要舍弃什么。当将这些一一呈现在来询者面前时，选择会自然而然浮出，曾经的焦灼情绪就释然了。改变确实只在一瞬间，就在于你决定改变的那一瞬间。

职业定位篇

 案例 8：我的路在何方？

咨询师：陈璐

来询者概况：小梁，男，社会体育专业健身方向学生，校级社团干部。父母经商，家境殷实。

主要咨询问题：职业定位

2012 年 4 月的某一天，我的手机接到了一条短信。内容如下：

"璐姐，在忙不？最近感觉我自己开始迷失了方向。听说大四实习是由学校安排的，可是我已经和原来的中学老师打过招呼，想到那里实习。毕业以后如果找不到合适的工作，我打算到那里代课，因为那里是新办的高中。但我不知道自己是否适合做老师。虽然老师的发展空间也很大，但我不想当一辈子老师，我心里还是想创业多一些。你觉得我是否该毕业先让家人安心，先做教师再创业呢？感觉自己没有目标，每天都过着差不多的生活，很无聊，哎。"

看到这条短信，我心中不禁有点宽慰，小梁是学生干部，平时忙于社团工作，现在终于可以静下心来思考自己的未来了。这无疑会对小梁合理分配大学时间、明确职业目标有良好的帮助。

由于短信沟通不能全面进行辅导工作，我和小梁约在周四下午于办公室进行面谈。

"我可以了解一下你为什么突然为你的职业目标感到焦虑吗？"

小梁脸上一热："其实是前段时间和女朋友闹分手，她说我目标不明确，变来变去，说我没有安全感。"原来，小梁的女朋友认为他的就业定位时常在变化，看似选择很多，又感觉没有明确的方向。了解到这个情况，我特别注意在辅导过程中，小梁做出的决策是否带有主观情绪。

"我明白了。放下闹分手的因素，探索自己的职业方向也是一个好的选择。你觉得今天自己可以静下心来谈论这个话题吗？"

小梁吸了一口气，点了点头。

"好，在我们讨论你毕业后先要做什么事情之前，我想问问你，你以后想过一个怎样的生活？"

"我啊？"小梁先是一愣，随即轻轻仰起头思索，"可能是稳定一点的生活吧。"

"能说具体一些吗？"我尝试进一步了解小梁对未来的愿景。

"就是能发挥自己的价值，比较有挑战性的那种。"小梁继续说道。

可以看得出小梁对自己的未来还只是有个模糊的想法。为了进一步了解小梁内心的想法，我给小梁做了一个职业价值观分类卡排序。具体结果如下：

非常重视：工作与生活的平衡、轻松的工作环境、家庭、社会交往、福利保障、稳定的居所、赏识认可、归属感、帮助他人、追求新意。

比较重视：个人发展、高收入、发挥专长、团队合作、有益、工作节奏中等、社会地位、影响力、追求成就、工作稳定性。

有时重视：督导、挑战性、快速学习、时间自由、有益社会、机会均等、知识性、符合兴趣爱好、艺术性、实用性。

很少重视：信仰、挑战难题、环保、前沿领域的工作、工作的精确性、诚实和正直、同事关系、知名度、公司知名度。

不重视：冒险、决策力、变化、专业地位、刺激性、独立工作、崇尚独立、传统、竞争、权力。

看到小梁对职业价值观排序的结果，我明显感觉到他的价值观取向以稳定性为主。为了避免小梁做排序时受当下与女友分手的原因影响，我让小梁谈谈做出此分类卡选择的原因。小梁通过分析，也感觉到自己希望过一种压力适中的生活，能离家近些，照顾到家人。同时，小梁对工作的待遇及发展前景比较看重，希望能发挥自己的专长。

"你所指的专长是什么呢？"我追问。

"我是学健身的嘛，我有去做健身教练的兼职，当然最初是从发传单开始做起。我觉得这份工作算是和我专业对口的，但是兼职一段时间后，我发现自己不太合适，就是性格上不适合，因为我们不仅要教健身，还要卖一些营养类的产品，我觉得这个就不适合自己，感觉自己像个推销员一样，这个我接受不了。"

我肯定了小梁通过实践探索自己的职业兴趣和职业能力的做法，并了解现在他有哪些打算。小梁谈到自己正自学会计知识，因为听说这个工作入职门槛比较低，自己还准备考会计师证。他还想创业，开个餐厅，因为其父母经商，有一定的管理经验和资金支持，能帮助自己创业。具体步骤是先从餐厅的低级员工开始做起，一步一步积累管理经验。但父母希望他做教师，他与自己中学的老师进行了沟通，得到的答复是可回学校工作，但不一定有编制。如果以上工作都不合适，做公务员也可以，因为比较稳定，家里也有一定的人脉，在求职时可提供必要的支持和帮助。

小梁的选择看似很多，但人的精力有限，不可能针对每个选择都平均用力。因此，我提醒小梁，能否结合刚才的职业价值观分析看有哪两个选择更为适合他？

小梁的眼睛看着排好的职业价值观分类卡，陷入了沉默。几分钟过去了，小梁说："做老师比较适合。"

"为什么呢？"我进一步帮助小梁澄清自己的想法。

"哪怕是没编制的教师，收入在我们当地还是足够自己生活的，压力不算太大。我可以考教师资格证，争取转为正式编制的教师。"小梁抬头看着我，眼神中透出坚定，"而且还可以照顾到家庭。"

决策的前提是掌握充分的信息。通过小梁的描述，我意识到小梁对教师这个职业的了解还不够全面，谈论是做教师、创业还是做其他选择，显得很仓促。因此，我引导他进一步探索教师这个职业，以判断自己是否真的适合。通过分析，他意识到，教师虽然可以享受寒暑假，空余时间较多，但是，也需要面对部分有个性的学生及家长、定期考核的压力、薪酬待遇晋升较慢等情况。

"作为一名非师范生，你觉得自己需要为将来成为一名教师做哪些准备呢？"我通过职业能力的分析引导小梁规划自己的大学生活，寻找大学学习、生活的目标，避免无聊的生活。

"要考教师资格证。璐姐，除了要学教育学、心理学，我们这些非师范生还要有哪些条件才能考教师资格证啊？"显然小梁对这一问题是有所考虑的。随后，我详细地向小梁介绍了非师范生考取教师资格证的要求。

"除了要考取教师资格证，在大学期间，你还打算做哪些准备呢？"我进一步引导小梁。

"找个学校实习。"小梁回答。

"那在此之前呢？"我引导小梁思考近两年的规划。

"参加学院的教师技能比赛或者参加田径运动会的组织工作,去到中学也能用得上。"小梁的思路打开了一些。

"很好。那在成绩或能力积累方面呢?我们刚才谈到教师的素质要求也是多方面的。"我追问。

"能拿奖学金最好。我想去听听体育教育专业的课,我没有给别人上过课,不知道自己能不能做好。"小梁说。

"为什么不去尝试一下呢?"我用鼓励的眼光望着他,同时,希望他继续思考。

"嗯,我会努力。我在社团主要负责宣传策划工作,也许以后做体育老师还可以把这个能力当成特长。"小梁想到了新点子,自己开心地笑了。

"这真是个不错的想法,还有其他的吗?"我继续追问。

"或者还可以做个家教吧。现在不是有很多需要辅导中考体育的学生吗?我高中时候的体育成绩不错的。"小梁显得有点兴奋。

在探讨完大学期间可以为教师职业求职做出的准备后,我给小梁布置了个作业。即制定一份自己的大学生涯规划书,并要求小梁给我一份大学生涯规划书留底,以便检验小梁执行计划的效果。

最后,我提醒小梁,价值观会随着个人的经历和成长发生改变,因此,需要动态地分析。

临走前,小梁很感慨地对我说:"璐姐,其实和你谈完后,我觉得对未来明确了很多,心情也没有那么浮躁了。如果我大一的时候能听你的,早点了解好自己,做好自己的规划就好了。"

我笑道:"只要你有心去做,任何时候开始都不晚。但一旦开始,就要努力向前,紧扣目标,珍惜大学生活的每分每秒。"

小梁开心地离开了办公室。如今,小梁已经成为社团宣策部的部长,在暑假时自己组织了篮球短期培训班,为教师的求职准备正有序地进行着。

咨询师手记

在大学生中,对本专业不那么喜欢,但是又说不出自己喜欢的是什么专业的学生不在少数。不了解自己,没有明确的目标和方向,学生在大学的学习和生活中犹如一只无头苍蝇,天天过着三点一线的生活,却不知道在忙什么。因此,辅导员要注意观察学生的表现,及时引导学生树立正确的目标。

认知信息加工论（CIP）是生涯发展理论中常用的一种（如图5所示）。该理论把生涯发展咨询的过程视为学习信息加工能力的过程，按照信息加工的特性，此过程的第一阶段为知识领域的认知，包括自我知识和职业知识，如果这两个领域没有弄清楚，是判断不出自己适合的工作的。因此，辅导员要通过问题引导的方式，帮助学生了解自我和工作。

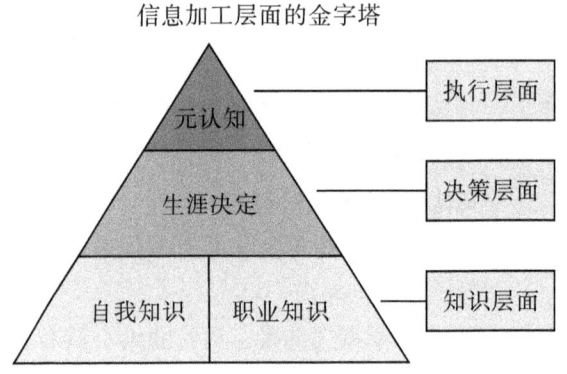

——Peterson et al., 1991, Pyramid of information processing domains

图5　认知信息加工模型

认知自我时，辅导员需要引导学生根据自己的职业价值观、能力、性格和兴趣做出判断。在本案例中，小梁通过使用职业价值观分类卡，首先确定了教师这个目标职业。通过分析可以看出，小梁对教师这个职业还不是很了解。因此，辅导员要和学生一起全面地分析职业，并教会学生分析职业的方法。

认知工作时，学生往往只看到职业好的一面，但却忽视了职业需要的技能及可能会面临的问题。人的认识过程是从模糊到清晰的，因此，辅导学生时应引导学生通过思考、探索，了解职业的准确信息。

1. 帮助学生用明确的职业目标指引行动

很多学生不知道自己内心需要的是什么，就会只听父母、朋友等人的意见，缺少自己的思考。正如案例中的小梁，当他被问到自己的理想人生时愣住了，说明他对自己的思考不全面。当向他人咨询得到建议后，看似得到了很多职业选择，但却找不到最适合自己的那个选择。因此，辅导员要从生涯发展的高度帮助学生明确自己的人生目标，做好职业生涯规划。用目标倒推法，小梁的大学生活就会紧紧围绕自己的目标前行，大学生活无聊的问题也就迎刃而解了。

2. 做一面明镜,让学生更了解自己

很多学生找辅导员咨询前,心里可能会有一个答案,只是不能确定这个答案正确与否,因此会咨询身边的人,听听他们的意见。好的辅导不是光把思想灌输给学生,而更应像一面镜子,通过提问或分享,引导学生一步一步地思考,与自己的内心对话,让学生更好地了解自己,并通过信息收集、实践等方式收集足够的信息后,更好地做出决策。在辅导结束后,由学生自己探寻得出答案并满意离去。

案例 9：我想做体育老师

咨询师：陈璐

来询者概况：小王，运动人体科学专业研究生二年级学生

主要咨询问题：有近半年的教育实习经历，想做教师，但自认为性格内向，希望可以提升人际交往能力，判断自己是否适合做老师或未来适合做怎样的职业。

咨询师：感谢你的信任，能谈谈你为什么想做老师吗？

来询者：我本科是学体育教育的，做老师一年有两个假期，且工作压力不是很大。这种状态是我比较喜欢的。

咨询师：你有哪些与教师相关的工作实践经历吗？

来询者：曾有近半年的教育实习经历，但主要是面对小学一年级的学生，我感觉自己还不能很好地对这一学生群体开展教学活动，加上自己当时正在准备考研，因此也没有特别多的时间去准备课程。

咨询师：你刚才提到对这个实习经历不是特别满意，身边和你一起实习的同学评价如何？

来询者：他们和我的感受一样，可能这个学生群体处于小学的适应期，确实比较难开展教学，学校的老师虽有指导，但较难贯彻。当然这里也有我自己的原因，我比较内向，所以想提升这方面的能力。

咨询师：收到。老师有很多类别，如果做老师，你对自己的定位是？

来询者：我希望自己是在中专以上的学校上理论课的体育老师。我感觉自己对术科教学不是很擅长，还是想做个理论教学的老师。

咨询师：现在你是研二，让我们一起想象一下，假设五年后，你已经找到一个心仪的工作，而且你对工作还是比较满意及有成就感的，那个时候，你是什么样子的呢？你能想象到吗？

来询者：我觉得那个时候就是普通的上班族吧，在课堂里给学生上理论课，学生在听。

咨询师：再想象一下那个时候，你会穿什么样的衣服呢？

来询者：就是普通的职业装，像我今天穿的灰色大衣外套一样。

咨询师： 嗯，很好。那个时候，当你给学生上课，学生会如何评价你呢？

来询者： 学生会说，这个老师讲得好，内容正确，理论讲授能解决现实的运动受伤问题。比如，运动受伤后能找到具体的处理方式。

咨询师： 你身边的同事会如何评价你呢？

来询者： 他们会说，我的工作能力比较强，管得住学生，专业知识也比较扎实。

咨询师： 你父母会如何评价你呢？

来询者： 他们会说过得好就行了。如果他们看到我上课，会感到吃惊。他们会认为我讲得挺好的，挺像一个老师的样子的。

咨询师： 看来这样的工作是你向往及喜欢的。那在这份工作中，你看重的是哪些价值观呢？（参考职业价值观列表）

来询者： 首先是能力运用，即自己的工作能力能用得上。其次是工作环境，即办公硬件是良好的，同时领导是比较友善的。最后是安全感，即工作不会面临下岗，单位不会倒闭。

咨询师： 看来你已经清晰了自身的职业价值观。我们来看看你的霍兰德测试报告，结果是 I（研究型）、C（事务型）、R（操作型）。从测评结果看，你偏向对内思考，喜好钻研，讲究规则，稳定，具有时间意识，动手能力、操作能力比较强，是这样吗？

来询者： 是的，我挺认同的。测评里那些与电子相关的操作我自己没有做过，所以选的很少。我自己平时比较喜欢做手工贴纸，也比较喜欢钻研问题，只是还未发表文章。我的身体素质不是特别好，当时学体育只是为了考大学，想着即使做不成术科老师也没关系。

咨询师： 根据霍兰德的研究，我们对照一下 ICR 对应的工作有质量检查技术员、地质学技师、工程师、法官、图书馆技术辅导员、计算机操作员、医院听诊员、家禽检察员。你看了这些职业之后有什么感觉吗？

来询者： 我觉得挺有共鸣的，动手操作会多些，和人接触不是很多，是我喜欢的状态。

咨询师： 这些职业中有你喜欢的吗？

来询者： 如果是具体到职业的话，没有。

咨询师： 那我们看这些职业的共同特点，在你的视野范围内有没有类似的特点相同的职业呢？

来询者： 有，我对实验室的技术相关工作比较感兴趣，也是动手操作多，术科教学少。我们学院也有实验室老师,他们的工作状态是我比较喜欢的。

咨询师: 如果根据你目前对自己以及这份工作的了解,你觉得自己在哪些核心能力上需要提升呢?

来询者: 首先要提升的是人际交往能力,其次是科研能力、专业知识和教学技巧。

咨询师: 接下来,我们对这些能力逐一梳理提升方向及目标(详见表1)。

表1 来询者的能力提升事项

就业能力提升项	目标分	目标状态	现状分	就业能力提升方向
人际交往能力	7	可正常交往的状态,如果有聊天的话题,会正常把话题聊开	3	1. 生活中尽量多聊天或听别人聊天,找聊天的点,比如娱乐话题、时事热点等。 2. 看专业书或视频,学技巧。比如看2~3本关于沟通的经典书,在生活中主动应用
科研能力	9	1. 能达到求职的科研能力要求。 2. 能有自己感兴趣的科研方向	4	1. 参加2~3次科研指导的讲座。 2. 争取在毕业前发表1~2篇科研论文。 3. 跟着导师做一个小课题,增加自己的研究经历
教学技巧	5	在教学方面,在课堂上准备传递知识或回答学生的问题	3	1. 对专业知识的学习应用。 2. 参加研究生的教学技能比赛,提高自己的教学技巧

咨询师: 经过我们的梳理,目前这几个核心的能力已经有对应的提升方向及策略了。在这个过程中,有哪些人可以帮助你呢?

来询者: 师兄师姐,他们刚经历求职或已成功就业,会有些信息或者经验可以帮到我。

咨询师: 还有吗?

来询者: 我的导师,他应该比较了解这个专业对应的就业方向,老师也有一些人脉,如果将来需要找实习单位或求职也许还能寻求到资源。

咨询师：很好，还有吗？

来询者：暂时想到的就是这些了。

咨询师：刚才你提到在中专以上的学校负责体育理论讲授或实验室的工作，可能是我的信息不全，所以想和你一起探讨一下。有多少这样的学校有类似的岗位呢？他们的招聘要求，比如学历要求、能力要求又有哪些呢？

来询者：对哦，那我也得查一下现在的学校招聘要求，看他们是否招研究生，是否有这种以理论课教学为主的老师。

咨询师：很好，到目前为止，你还有其他的关于大学生涯规划及职业定位方面的困惑吗？

来询者：暂时没有了。

咨询师：好的，我们最后来想象一下，如果是五年后已经站在讲台上能顺利讲课的你站在现在的你面前，会对此刻曾经迷茫的自己说些什么呢？

来询者：我会说，这是找工作必经的过程，不要太担忧，一步一步走起来，努力跟上，加油。

咨询师：好的，那我们的咨询到这里结束，如果你在收集职业信息及提升就业能力过程中还有困惑，我们还可以约谈。

 咨询师手记

在职业定位问题上，来询者容易因对职业不够了解而产生畏难情绪，或产生过于理想的想象。咨询中，咨询师应从来询者过往的经历出发，透过测评结果回到来询者本身，全面分析其与岗位匹配的能力和要求，以进一步做评估，找到大学期间学习与能力提升的努力方向。咨询中，不难发现学生对职业的了解是片面的，缺乏对职业信息的收集及评估，因此，帮助来询者看到职业信息的不足、找到方向是促进行动计划的突破口。

案例10：让未来植于当下

咨询师：段晓岚

来询者概况：云飞（化名），本科四年级，经济学专业

主要咨询问题：就业选择及相应的准备；如何协调与女朋友工作地点不同的问题；相应的找工作策略。

一、收纳，建立关系

来询者： 老师，您好。

咨询师： 能简单介绍一下自己吗？

来询者： 我叫云飞，是经济学专业的大四学生。

咨询师： 请先填一下咨询收纳表吧，收集基本的信息，然后再约具体咨询时间，好吗？

来询者： 我来咨询是觉得自己职场经验不足，希望能够获取一些经验建议。到时聊聊看吧。

咨询师： 听出了半信半疑。信任的程度决定了咨询的效果，半信半疑首先就让咨询打了折扣。不过也正常，信任的建立需要了解，男孩子的警惕性高些。

来询者： 因为还不懂怎么回事，聊聊看就知道了。我也看了老师的简历，职场经验很丰富，应该会有收获的。

咨询师： 你的潜力无限，并擅长寻求周围人的支持，可以解决遇到的所有问题，所以，答案在你心底，我只负责让你以不同的角度去审视。

来询者： 明白。

咨询师： 如果我说我是万能的，可以解决你所有的问题，只需通过1个小时的聊天，你相信不？

来询者： 不相信。

咨询师： 相信你自己就可以了，相信你的选择是对的。

来询者： 我看到老师的职场经验很丰富，想来一定会有收获，我需要借助老师丰富的职场经验和社会阅历。

咨询师： 这个可以有。咨询收纳表收到了，谢谢。请做一下职业价值观测试，列三个比较有成就感的事件，越详细越好，从中找到自己的优势，同时自己

保存。

来询者：好的，谢谢老师。我已经写好了：

一、保研过程中，申请保研夏令营时，学校几乎全中，包括北大、中大、厦大、南开、浙大、武大等。通过参加保研夏令营，获得多份录取offer，最后选择厦门大学；

二、大一时基本包揽学校的所有奖项，包括国家奖学金、校一等奖学金、优秀学生干部、优秀共青团员等；

三、通过短期自学，较为迅速地掌握网络爬虫技能，能够从网络中爬取数据。

咨询师：我详细看过你写的三个成就事件，牛人一枚啊，膜拜一下！

来询者：没有，老师，我感到前途迷茫，才来咨询。

咨询师：那咱们约5月11日21：00—22：00？以微信音频的方式进行，好吗？

来询者：好的，我时间上都没问题。

二、澄清

咨询师：云飞，晚上好，那咱们开始？

来询者：好的，老师。

咨询师：我仔细看了你的资料，咱们先回顾一下。咨询收纳表里，你希望通过咨询解决的问题是：就业选择及相应的准备；如何协调与女朋友工作地点不同的问题及相应的找工作策略。可以介绍一下你的具体情况吗？

来询者：好的。我今年大四，刚考上了厦门大学的研究生。看到同宿舍的同学大多已经找到了工作，有时怀疑自己选择读研究生是不是正确，毕业后找的工作是不是一定会比现在好。我学的是经济学专业，这样的对口工作大多在一线城市。女友在读教育学专业，毕业后肯定是要在体制内当老师。我一直在考虑怎样才能在毕业后与女朋友在同一个城市工作。

咨询师：这几个问题咱们一个个来分析，好吗？

来询者：好的。

三、分析

咨询师：具体分析问题之前，咱们先回顾一下职业价值观测试结果，你排在前三位的分别是：经济报酬17，家人认同16，人际关系15。你觉得准确度如何？

来询者：还可以吧，经济报酬肯定是要优先考虑的，因为这是生活的基础；家人认同一般吧，父母基本是我的事情让我自己处理；人际关系，确实希望可以在开心的氛围中工作。

咨询师：明白了。职业价值观的测试结果，可以作为选择职业的参考，同时验证职业选择是否可以满足自己的需求。

来询者：好的。

咨询师：云飞，咱们先沟通第一个问题吧。关于就业选择你是怎样想的？

来询者：我学的是经济学专业，相关专业的工作在一线城市会更多些，像我在暑假去证券公司实习过，感觉还可以。看到同宿舍的同学好几个都找到工作了，不知道自己读研的决定对不对。

咨询师：你父母对于这个问题有何看法呢？

来询者：现在父母已经很少给予我支持了，我要靠自己。

咨询师：方便说说原因吗？有没有尝试过再争取？

来询者：原因很复杂，现在是尝试过的结果。

咨询师：可以想象没有父母的支持，你会活得累一些。可以这么理解吗？实际上因为将要去厦门大学读研，你并未面临找工作的问题，只是因为看到同学们在找工作而有些想法，对吗？

来询者：对的，同时也想验证一下自己的想法是否正确。

咨询师：明白了。对于自己的就业是怎样定位的呢？

来询者：师大毕业的学生，大多会去学校做老师，只是现在学的专业可选择的工作范围不大，对于学校招聘是不是一定要求同专业的还不确定。另一个就是去证券公司，收入相对较高，大多是销售类型的，压力很大，我不想过这种生活。我在多个offer里选择了去厦门大学读研，是认为二线城市的节奏较慢，生活压力会小些，只是那里又比较少有与我专业相关的工作。

咨询师：是这样啊。关于去学校应聘老师，之前有没有留意招聘信息的具体内容呢，比如任职资格、工作职责等？就我十余年的招聘经验来看，任职资格里的专业要求大多只是优先条件但不是必要条件，如果遇到非常合适的人，即使不是这个专业的也会考虑的。当然一方面是看招聘的岗位专业性是否很强，是否有可替代性，如果不是那么专业的岗位，可能要求不那么严格，另一方面也要看招聘单位是否看重这一点，具体你对哪一家有意向，可以直接打电话去问。

来询者：之前没怎么留意招聘信息，我直接打电话过去问，这样好吗？

咨询师：肯定啦。招聘单位最喜欢有人对招聘岗位感兴趣了，有什么疑问可以直接问。最直接的收集信息的方式，是可以多去面试几家，基本想了解的就差不多了。别忘了，我现在的职业就是在公司做人力资源管理啊。

来询者：知道了。这个之前倒是没有想到，可以多去试试。

咨询师：对的。正确的选择是在信息完整准确的基础上做出的，注意多去收集信息。

来询者：好的。

咨询师：关于另一个工作选择，你的矛盾点在于与专业相关的工作大多在一线城市，但是压力大，读研选择了二线城市，生活压力小，但是工作机会少，对吗？

来询者：对，所以很矛盾，不知道怎么办。

咨询师：与专业相关的工作大多在一线城市，是自己主观猜测，还是调查后得到的结果呢？

来询者：问过同学、老师，感觉上是这样，没有特别去收集信息。

咨询师：可以补充一下信息，再下判断。了解过厦门有符合你要求的工作机会吗？

来询者：好的。因为还没有开始读研，对那里了解不多。

咨询师：这就对了。为什么很多时候人会举棋不定呢？其实就是缺少必要的信息支持。每个城市每个专业都会有一个圈子，可以通过导师、同学去了解，也可以通过参加培训、社交活动去了解，融入圈子里积累人脉，加上在网络上搜集信息，就会有更多的机会。以你的能力而言，是可以解决这些问题的。无论在哪个城市，只要足够优秀，还是可以拥有更多的选择权的。

来询者：嗯，我再搜搜看吧。

咨询师：关于读研的决定是否对，当时是从哪方面考虑呢？

来询者：因为觉得读研后起点会更高些，机会更多些。

咨询师：现在怎么又开始怀疑了呢？

来询者：因为看到宿舍的同学，本科毕业找到的工作也不错，再想自己读研投入几年的时间，对于毕业之后能不能找到更好的工作有些焦虑，感觉自己有焦虑症。

咨询师：所有的投资都是有风险的，都无法保证一定会得到想要的结果，常规意义上来说，读研后找到的工作会比本科生更好，机会也更多，当然不排除有例外的情况。从三件成就事件上来看，在申请保研夏令营时，包括北大、中大、厦大、南开、浙大、武大等学校几乎全中，通过参加保研夏令营，获得多份录取 offer，证明你是非常优秀的。如果按这样延伸，你继续努力，几年后还可以拥有很多选择的机会。与其去担忧未来的事情，不如找准方向和目标后，全力关注，让自己优秀得足以拥有选择权，获得更多工作机会。你说呢？

来询者：老师说得太好了。确实是这样。

咨询师：刚才聊到焦虑，你的焦虑体现在哪里呢？

来询者：基本上做事都可以按照计划来，有时会无意识地碎碎念，总担心做不好，这是焦虑的体现吧？

咨询师：据你描述来看，是有焦虑，但不一定是焦虑症，因为还没那么严重。

来询者：我也觉得是，但还是有些不放心。

咨询师：如果你觉得有必要的话，咱们可以在咨询后，做一个焦虑的测试，这样会更让你放心些。同时，我也可以介绍一些减轻压力的小诀窍，经常调节就会感觉更好。

来询者：好的，谢谢老师。

咨询师：第一个问题解决了吧？那咱们开始第二个问题？

来询者：好！是怎样协调与女朋友工作地点不同的问题。

咨询师：为什么现在考虑这个问题呢？

来询者：我和女朋友恋爱几年了，感情很好，如果工作地点在异地的话，会有很多不便，所以在想怎样解决这个问题。我女朋友也会读研，应该会在广州应聘老师工作。我的工作要到几年后才会确定，所以有些纠结。

咨询师：你女朋友确定会顺利应聘到老师的岗位吗？

来询者：老师是什么意思？

咨询师：我想表达的意思是，你和女朋友的工作，全部是几年后才能确定，那时会发生什么事情，就业市场会发生什么变化，都很难讲。比如，老师竞聘或者公务员考试，竞争非常激烈。在结果要几年后才能知道的前提下，与其去纠结怎样在一个城市工作，不如去强大自己，让自己有更多选择机会。当你们足够优秀了，女朋友想做老师就可以考上，想做公务员也可以考上，你想在哪个城市工作都可以找到合意的工作，这才是近几年需要努力的重点。

来询者：哦，这样啊……

咨询师：云飞，我突然发现了一个问题。

来询者：什么问题呢？

咨询师： 你有没有发现，你提的问题，没有一个是关于现实的问题，而全部关于是未来的问题？几年后的就业选择、准备、策略，几年后协调与女友工作地点的问题。

来询者： 您这样一说，我看了一下，确实如此。

咨询师： 那就证明了，以你的能力，可以很好地处理现在面临的问题，所以不必去担忧。而未来是有无限可能的，你无法去把控，但你又特别想现在一次性对未来有个清晰的认识，想明确知道未来是什么样的，所以你会无意识地把关注点从现在转移到未来，当信息不全无法看清时，你就会产生焦虑。焦虑的原因不在于能力不足，而在于把关注点过多地放到了未来上。罗马不是一天建成的，未来的美好也是由一个个今天的努力拼接而成的。

来询者： 好像真是这样，有时候会觉得很累。

咨询师： 给自己些时间，看准方向，把目标细化成计划，一步步去走，不要太着急地想一口气吃成胖子。

来询者： 好的，我再调节一下。

咨询师： 我把焦虑自评量表发给你，可以自测一下，然后把结果发给我。

来询者： 谢谢，老师。

四、行动方案

来询者： 老师，我的焦虑自评量表分数是 44 分，没超过 50 分。

咨询师： 根据焦虑的计分与解释原则，评定的分界值为 50 分，50 分以上就可诊断为有焦虑倾向。分值越高，焦虑倾向越明显。44 分是正常的分值。这下放心了吧？

来询者： 放心了。

咨询师： 云飞，日常的焦虑，可以在以后多注意调节。你是怎样解压的呢？

来询者： 每天晚上会去跑步，偶尔会去看电影什么的。

咨询师： 告诉你一个小诀窍，当你觉得做事不能专心或焦虑时，可以用腹式呼吸，尽可能深长地吸气，尽可能深长地呼气，静静感受空气如何进入，然后又如何出去，多试几次，直到注意力完全放在呼吸上为止，这时证明你开始放松了。这个方法在任何时候都可以用，简单有效。

来询者： 好的，我试试。

咨询师： 寻求情感支持，也是很重要的解压方式，可以经常找父母、亲戚、朋友、同学聊天，倾诉是很好的方式，尤其是向父母倾诉。如果有时间可以多和父母沟通，确认他们是不愿意支持，还是心有余而力不足，他们在情感上对你的支持会很重要，哪怕只是站在你身后，也是有帮助的。

来询者：这方面已经不可能了，无论是情感还是物质，我得靠自己。

咨询师：因为没有后援，所以你会要求自己万无一失，想掌控一切，否则会产生不安全感，这个可能是你感觉焦虑的重要原因吧。

来询者：对，怕走错一步，无法弥补。

咨询师：其一，写日记，把心里所想的全部写下来，适时给自己情绪的抚慰。日记是人最好的知己，不受任何外在条件的限制，只要你去做，就会有效果。哈佛大学有研究证明，一个人即使只坚持四天，每天写 10~20 分钟日记，四天后再测，幸福水平也会明显提升。其二，偶尔奖赏一下自己，让自己纯粹地快乐一下，比如暑假旅游等。其三，每天睡前给自己 30 分钟完全属于自己的时间，去做喜欢的事情，或者只是冥想，让自己完全放松。最后，坚持体育锻炼。只要持续去做，会有效果的。

来询者：好的，谢谢老师。

咨询师：把今天沟通的主要内容总结一下，列出行动计划，发给我，短时间内可以定期知会我计划进展。

来询者：好的。

五、结束

咨询师：聊了一个多小时，还有什么其他问题需要补充吗？

来询者：暂时没有了，跟老师聊过之后，感觉一下子轻松了很多，知道了焦虑来源于太关注未来，就会更善于调节情绪了。

咨询师：好的，那我们这次就先聊到这里了，再见。期待你的总结和行动计划。

来询者：谢谢老师，老师再见！

咨询师手记

一开始，来询者表面是聊职业选择、准备、策略等未来的问题，但在澄清过程中发现来询者实际上是因为缺乏父母的支持，缺乏安全感，从而迫切想掌控未来，因未来并不明晰，所以产生了迷茫和焦虑。当抽丝剥茧层层解析，借助三件成就事件分析，知道来询者能力非常优秀，通过焦虑自评结果分析，分值 44 分属于常态时，问题便着落在怎样有意识地把关注点更多放在现在，答案已水落石出——认清方向与目标，倾尽全力拼搏，及时抚慰情绪，加强安全感。现在的大学生，学业压力＋就业压力较大，越是优秀的学生，越容易面临焦虑，如果缺少必要的社会支持，尤其是父母的支持，易产生特别强烈的孤独感，日积月累转化为焦虑。怎样在完成学业的同时，养成舒缓情绪的习惯，给自己营造一个轻松温暖的心境，是每个学生需要面对的问题，也是学校应该着重解决的。

案例 11：我要不要辞职？

咨询师：方晓湘

来询者情况：小丽，女，英语专业大四师范生，来自一个经济欠发达的城市。咨询的时候各个学院正在上报就业方案，她当时已经签约了家乡的一所公办普通中学。

主要咨询问题：职业选择

来询者：老师，我想解约，但是我又很怕找不到工作了，不知道应该怎么办。

咨询师：你解约的想法是怎么产生的？

来询者：我12月签约了家乡的一所学校，推荐表和协议书已经上交了。我想重新在珠三角找个公立学校，但是现在参加那些单位招聘没有推荐表和协议书就过不了资格审查。我不太想回老家，想解约重新找。

咨询师：那当初签家乡这所中学时，你是怎么考虑的？

来询者：我之前也报考了一些教育局的招聘，比如南海教育局、深圳几个区的教育局，但是都失败了。后来，家乡的教育局过来招聘，有好几个学校，我想着如果能签其中的两间重点高中的话，还是可以的，结果我还是被拒了。而另外一所并不是我理想中的学校，看了一下我的简历，就问我是否有意愿去那里工作。经历了那么多失败，我感到很挫败也很焦虑，和父母商量后决定先签着，怕后面找不到工作。

咨询师：这么说来，你是怕找不到工作所以才签了这个本来你不太想去的学校。关于解约这个问题最迟什么时候要定下？

来询者：我想这两天吧，我听说老师在上报就业去向，以后手续不知道会不会更难办了。

咨询师：好的，先不管我们选什么，你能说说你的职业目标是什么吗？

来询者：我想做一个成功的老师，对学生有所促进的老师。我更想在珠三角的公办学校里教书，想留在大城市。其实，后来的招聘消息我也有所关注，但是很多都要审核推荐表和协议书，我报不了。对于要不要解约重新找工作这个问题，我一直非常纠结。现在感觉到回家乡工作已成定局，心里很不甘心。

咨询师： 我明白了，你现在纠结着要不要解约，拿着新的推荐表和协议书去找个大城市公办学校英语教师的岗位。如果不重新找，直接回老家工作又心有不甘，对吗？能告诉我在大城市工作和小城市工作对你来说有什么不同的意义吗？

来询者： 虽然在哪里都是当老师，但是我觉得大城市的发展空间比小城市要好，大城市的竞争能够逼着自己去不断提升，而小城市的学习氛围没有那么浓厚，自己在这样的氛围中会变得平庸。

咨询师： 嗯，我看得出来你还是比较有上进心的。但是在你家乡的城市工作是不是也有可能达到你刚才说的"做一个对学生有所促进的老师"这个职业目标呢？

来询者： 应该也是有可能的，只是我感觉我们那里的老师上进心都不强，稳稳当当工作拿工资，过一天是一天，不会想着提升自己，我不想像他们一样。

咨询师： 其实想不想跟他们一样，你觉得选择权在谁手里？

来询者： 应该是在我手里，只要自己努力，在哪里都会发光的。但我还是不甘心。

咨询师： 那我们只基于你的理想职业帮你分析一下你目前的选择吧。（一边给来询者画职业发展模型图）从这个图里面我们可以看到，一个人的职业发展一般有两种路径，一种是从个人需求出发的，也就是里面那个环显示的，先想清楚自己到底想要什么，评估当下资源，制订计划行动，以达到职位与个人的匹配；还有一种是从能力出发的，也就是外面那个环显示的，能干什么，先干什么，搞清楚职位的要求，在工作中清晰自己的需求并提升能力，找到兑换价值的理想职业平台。结合你的情况，也有两种选择，其中一个是你可以选择以你目前的能力找到的这所学校为职业发展的起点，现状是这个职位给你的回馈满足不了你的需求，但在公办教师编制情况下，你很难向单位争取一些特殊的回馈，只能通过你自己的努力来调动资源，寻找更理想的职业平台。具体来说，可以先工作，满足生存需要，存好钱准备读研，再重新找工作；或者先工作，在工作领域积累核心竞争力，再重新找工作。这样你能明白吗？

来询者： 嗯，我明白。

咨询师： 你觉得这样的一个路径对你来说可行吗？你觉得会有哪些阻碍？

来询者： 我觉得读研又要好几年，年龄可能是个问题，要结婚生孩子的话，读研就很困难。而且也很担心自己工作之后就懒了，不想读书了。职称、获奖这些也不太容易。

咨询师： 很好。另外一个选择是，你可以以自己要在大城市的公立学校教书的需求出发，先解约，然后重新投入求职，找到你真正想要的。你觉得这条路又会有什么困难？

来询者： 如果是这样，我得先在广州这边租房子住下来，生活压力大。以后也不知道还有没有珠三角的公办学校招聘。

咨询师： 还有吗？

来询者： 而且我能不能竞聘成功也是不确定的。

咨询师： 是的，那你仔细想想，这两条路你将如何选择呢？

来询者： 老师，我明白了，这两条路都有困难。但是第二条路很多东西不受我自己控制，而第一条路起码能在自己的掌控之内。我想我还是会先去工作吧。

咨询师： 如果选好了，就要对自己的选择负责。其实你的最终目标是成为一个成功的英语老师，这个目标不一定要在大城市的平台上才能实现，是否可以在小城市的平台上去实现呢？

来询者： 嗯，我相信是可以的，只是我还需要想想怎么做。

咨询师： 很好。如果你想好了也欢迎你和我分享。那你今天想要咨询的问题暂时解决了吗？

来询者： 是的，经过您的分析，我的思路清晰了很多，谢谢老师。

咨询师手记

案例中的小丽因为在求职过程中遭遇了挫折而草草签约，导致自己后来后悔，陷入两难境地。如果毕业生能清晰地认识到自己的能力和需求，在面临选择的时候应该会更加理性。

本案例中咨询师使用了"职业发展模型"（career development model，简称 CD 模型），如图 6 所示。该模型是古典老师基于明尼苏达工作适应论（person-environment fit theory）而研发的职业生涯诊断工具，强调人与职业的互动关系，揭示出人具有自身的能力和自身的需求，而工作也有其要求及回馈，两者是互动匹配的关系。CD 模型中有两种不同的职业适应策略，内环策略与外环策略。内环策略即愿景导向，是指从需求出发，找到与自身需求匹配的职业，并通过职业访谈提升对职业要求的认知，根据职位能力要求提升自己的能力。外环策略即资源导向，是指从现有能力出发，找到与能力匹配的职位，根据岗位要求明确发展目标，提升自我，同时更全面看待职业给予的回馈，最终通过能力提升找到兑现自身价值的平台。

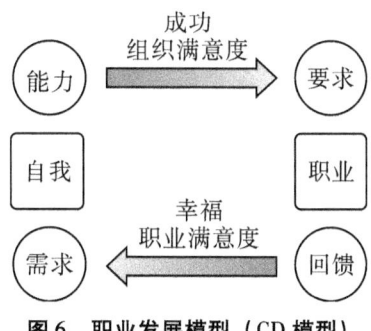

图6　职业发展模型（CD模型）

愿景导向（内环策略）要做的是：
（1）清晰需求——我到底想要什么，评估当下资源；
（2）打开眼界——发现更多能满足价值的平台；
（3）职业访谈——认清职业的真实信息；
（4）积累能力——制订计划开始行动。
资源导向（外环策略）要做的是：
（1）能力定位——能干什么先干什么（不考虑兴趣、价值）；
（2）迅速发展——搞清楚职位的要求，用巧劲，快发展；
（3）取舍有度——职业收益＝钱＋发展空间＋情感；
（4）兑换价值——清晰自己的需求，找到兑换价值的平台。

从名称可以看出，这个模型主要用于职场人士。但是在大学生就业指导中，我们也可以通过这个图让学生明白个人与职业是如何互动的。职业发展有两种路径：一个是从能力出发，以从能力出发找到的工作为起点，现状是职位的回馈满足不了她的需求。因为这个职位的特殊性，她能外求的非常有限，只能聚焦自己的需求，通过内修的方式调动资源满足需求。具体来说，可以先工作，满足生存需要，存好钱准备读研，再重新找工作；或者先工作，在工作领域积累核心竞争力，再重新找工作。这其中可能遇到的障碍有年龄、家庭、惰性。另一个从要到大城市的公立学校教书的需求出发，先解约，后重新投入求职。这其中遇到的障碍有：生存无法保障、机遇的不确定性。两种选择都面临一定的挑战。在就业形势紧张的大环境下，多数大学生主要是以能力来找工作的。案例中的小丽纠结了很长时间都没有解约，说明签约的工作也不是完全不符合她的需求的，但她对于解约和不解约这两个选项的认知还不够全面。咨询师通过 CD 模型，帮助小丽理解个人与职业的关系，并以她最终的理想为导向分析当前的两个选项，然后让小丽自己来做出选择。

结构化思维图（如图 7 所示）可为咨询师提供清晰的咨询思路。当来询者提出职业定位的咨询主题时，咨询师可先评估对方是否有工作机会，即是否找工作相对容易。如果是，则可根据个人的特质（兴趣、能力、性格、价值观、优势天赋），结合现实的求职机遇做出职业选择。

如果来询者反馈找工作很困难，或者从自身感兴趣的点出发很难找到心仪的职位，则有三个策略：通过业余生活平衡人生、提升能力以适应岗位需求、以开放心态拥抱变化及学习。

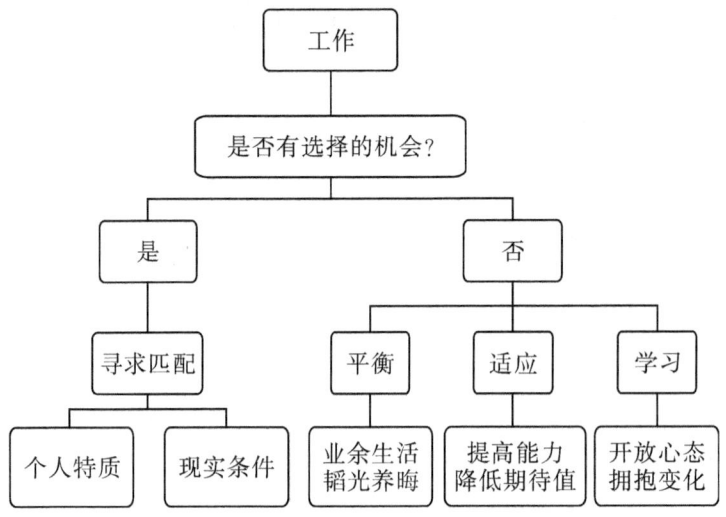

图 7　职业定位指导结构化思维图

 **案例 12：老师，我是否要违约，换一份工作？（研究生）**

咨询师：陈璐

来询者概况：杨同学，体育科学学院研究生。手上有两个工作机会，一是深圳某重点中学体育老师岗位，已签约。二是广州某高校体育老师，已有签约意向，但因学历不足及学校人事制度改革，学校只提供预聘用制度岗位，只有具备博士学位才能有正式编制。目前纠结于工作的选择。

主要咨询问题：职业选择

咨询师： 我已看到你的咨询预约单，上面显示你有一个现实的职业选择困惑，是吗？

来询者： 是的。我现在研三，手上有两个工作机会。一是深圳某重点中学体育老师岗位，并已签约。二是广州某高校体育老师，已有签约意向，但因学历不足及学校人事制度改革，学校只提供预聘用制度岗位，只有具备博士学位才能有正式编制。同时，高校老师的工作要求我把户口寄存在人才市场，我也觉得挺没有保障的，因此，目前纠结于工作的选择。

咨询师： 这两个选择让你纠结的原因是什么呢？

来询者： 我本人更倾向去大学工作，因为是专业课教师，会有更多的空间做自己想做的事情。我自己也觉得可以结合专业特长，进行一些相关的创业。但大学的这份工作只是预聘制，只有博士学位才有正式的编制。而且我打听过，因为没有正式编制，在待遇上和有编制的老师还是有差距的，一个月拿到手的是五千多元。学校有两个校区，且不在一个城市，如果我是新老师，基本也需要在两个校区之间跑。已经签约的这个中学是我以前实习的学校，各方面我都比较了解，待遇在深圳的中学来说也不错，学校包早餐及午餐，也提供住宿，因此如果在中学工作，基本没有什么开销。但是中学老师没有大学老师的社会地位高。

咨询师： 听上去，每个工作都有好和不好的一面。那深圳的工作有编制和住宿，开销也不大，让你纠结的点在哪里呢？

来询者： 深圳的房价太高了。我是个男生，又有女朋友，自然要考虑买房的问题。而且我父母在我读研究生期间以我的名义在顺德靠近广州南站的地方买了一套房，他们给首付，等我工作后，我需要自己供房。因此收入是我考虑的一个很重要的因素。

咨询师：收到。一个是没有正式编制，需要在两校区开展教学工作，但相对自由及周边房价较低的大学体育老师工作，一个是在深圳某中学有编制的工作，但自由度不够，房价较高，是这样的吗？

来询者：是的，还有一个，我这几年结识的朋友大部分集中在广州，深圳的朋友不是很多。

咨询师：所以朋友也是你确定工作时的考虑因素，对吗？

来询者：是的。

咨询师：还有其他方面的顾虑因素吗？

来询者：中学带的运动队很难拿到什么成绩，拿课题方面也一般，大学的可能性会大一些。

咨询师：好的，还有其他吗？

来询者：没有了。

咨询师：好，目前这个职业选择的情况和父母沟通过吗？他们是什么态度？

来询者：他们也比较纠结，觉得我去深圳工作的话，经济压力会很大。

咨询师：家里经济情况如何？

来询者：他们都是公职人员，家庭条件还可以，只是家里有两套房子，还给我支付了房子的首付，所以我不想他们帮我供房，我觉得供房是我的责任。

咨询师：所以他们在工作选择上并没有给你太大的压力，也即你有选择权，对吗？

来询者：是的。

咨询师：收到。基本情况我已经了解了，你有两个现实的工作选择，且有决策权，这个决策也需要在近期做出决定。因此，我们会通过一个决策平衡单来看看你目前对这两个决策的思考。

来询者：好的。

咨询师：首先，请你在13种职业价值观中选择8个你看重的方面，并填在这个表格的最左方。

来询者：好的，我会选择经济报酬、能力运用……

咨询师：现在请把每一个职业价值观在这两个选择中的重要程度用1~10分来表示……接下来，我们再看每一个选择能在多大程度上满足我们对职业价值观的需求，请同样用1~10分来表示（如表2所示）。

表2 来询者职业决策平衡单

价值标准（8项）	重要度（1~10分）	深圳某中学	广州某高校
经济报酬	10	9	5
能力运用	8	4	10
名声地位	10	7	10
多样化	7	3	9
社交关系	7	4	8
智慧	8	7	9
生活方式	9	7	7
自主性	5	5	8
总分	—	385	524

咨询师： 看完这个决策平衡单，你有什么感觉？

来询者： 我觉得我内心还是偏向于大学老师的工作，我想去尝试一下，就是不知道是否可以考上博士，或者有没有可能通过优异的带队成绩成功拿到编制。

咨询师： 嗯。

来询者： 而且大学的工作要考到博士才有转正的机会，我不确定我是否可以考到博士生。

咨询师： 现在研究生这个阶段的学习是你喜欢的状态吗？

来询者： 一般吧，其实我不是很喜欢做研究。

咨询师： 如果是做大学老师，意味着你需要做研究评职称，你可以接受吗？

来询者： 其实不太能。我担心我连博士都考不上，即使是考华师。而且那个学校的人事处老师说，要是我们有博士学位，也不一定要待在这个学校工作。老师，我其实还有一个疑问，现在的预聘制是否可以通过我带运动队拿一个优异的成绩而获得破例转正呢？

咨询师： 这个问题你和学校的人事部门老师沟通过吗？

来询者： 还没有，不过我向这个学校的一个认识的老师打听过，说基本不可能。

咨询师： 据我的了解，这个可能性确实不大。

来询者： 所以很纠结啊。

咨询师： 在决策问题上，打分是帮助我们理性看待不同选择的多个方面。我们建议在职业选择时根据职业价值观的重要顺序依次考虑，因为没有一份工作会满足我们所有的价值观。另外，做决策的过程是"走脑"的，也就是说我们自己内心认为值得的那些事情基本是我们愿意去选择的方向。

来询者： 明白。

咨询师： 我们在选择任何一个职业的时候都需要了解这个职业的真实情况，全然接受其好及不好的一面，这样才能更加明白自己要在职业中获得什么，不至于因为职业不好的方面而离开职业。也就是说，如果你选择大学老师这个工作，经济报酬低、要跨校区教学、要考博以及未来除了教学还要走研究的方向，这些是你能够接受的吗？

来询者： （犹豫）其实不能。

咨询师： 为什么呢？

来询者： 考博不是我喜欢的方向，虽然能联系现在的导师，但是做学术不是我擅长的领域。跨校区教学，对我而言，就意味着顺德的房子基本就用不上了，只能是出租或者卖掉。经济报酬方面，大学的工资基本都不够交房贷，更何况我还需要自己租房子住。

咨询师： 那你打算怎么办？你内心想去做大学老师但是又不能接受其不好的一面。

来询者： 我潜意识里就觉得这个工作是我更想要的。感觉在打分的过程中，大学老师的选择分数更高一些。

咨询师： 所以，在这个选择中，你最看重的价值观是什么呢？

来询者： 经济报酬，其次是发展空间。还有一个是未来子女的教育，深圳这个有一些教育配套是可以享受的，大学这个就没有，它不像华师有相应的基础教育配套。

咨询师： 收到。如果从经济报酬、发展空间和未来子女教育三个方面考虑，你会更愿意选择哪一个职业呢？

来询者： 我想是深圳的中学。

咨询师： 如果选择这个选项，可能会有一些不好的地方。我们可以做些什么去弥补呢？刚才你谈到了中学工作的自由度不够、工作成长的空间不够、在深圳朋友不够多、房价高这四个方面。那我们一一看看，这几个方面可以如何解决？你想先谈哪一个？

来询者： 我想先看朋友不够多这个问题，我这个人还是比较重视朋友的。

咨询师： 你现在能想到哪些朋友在深圳呢？

来询者： 本科同专业的同学有一些在深圳的，也比较要好。以前实习的时候也认识了那里的老师和一些朋友。

咨询师： 有什么方法能弥补这一方面的缺陷呢？

来询者： 我会主动找以前班上的同学，和他们保持联系。通过他们还能联系到以前的师兄师姐。然后通过参加活动，比如参加篮球赛、做裁判，认识一些不同行业的人。

咨询师： 做到这些就足够了吗？

来询者： 我觉得还不够，我的主要目标是希望在做老师之余，还能和朋友一起做一些项目，所以要找到适合发挥我体育特长以及资源整合的人。

咨询师： 既然如此，根据你对自己的了解以及你掌握的资源，你能做些什么努力？

来询者： 毕业前参加创业方面的培训，为这方面做些人脉和知识上的准备。

咨询师： 还有吗？

来询者： 没有了。

咨询师： 好，那我们来看其他局限，中学工作的自由度不够，工作成长的空间不够。这个问题你能想到哪些解决方法吗？

来询者： 这个我真没有办法，中学老师的发展通道就是这样，按部就班，没有特别的可能性了。

咨询师： 收到，在你身边的已经做中学体育老师的同学中，你有没有看到一些其他可能性呢？

来询者： 哦，这也是有的，不过得靠自己去争取和改变。比如，可以悄悄带个中考班之类的或者做点小生意。

咨询师： 这些经验可以迁移到你身上吗？

来询者： 这个倒是可以的，我有篮球特长，平时开个兴趣班，带个中考辅导班都没有什么问题。

咨询师： 如果这样的话，需要注意日常工作和副业之间的关系平衡，对吗？

来询者： 是的，自己低调一些就好。

咨询师： 对，这里涉及你外职业生涯和内职业生涯的平衡，我们提倡的是内外兼修。好，这个问题如果用副业就可以解决，还有其他困扰到你的地方吗？

来询者： 没有了。

咨询师： 那我们来看最后一个，深圳房价高。关于深圳买房这件事情，你目前是如何考虑的？打算什么时候买房？

来询者： 短期之内应该不会买房，我想先把顺德的房子供完，那边的房子靠近南站，也可以通过出租来减轻压力。实在不行，就可以考虑把顺德的房子先卖掉，再考虑在深圳买房。

咨询师： 很好，你都已经开始有计划了，也让我看到了你身上的力量。到目前为止，你还有什么疑问吗？

来询者：（思索）暂时没有了。

咨询师： 好的，在我们短暂的一个小时咨询中，你觉得有什么收获吗？

来询者： 我看到了自己之前对大学老师的工作有一种向往，但是目前各方面的条件都不是很成熟。如果以后我真的想在高校里工作，我想我会试着考博士，考上了自然会有更多的职业选择。如果考不上，在中学里做体育老师，也能有自己的发展方向，只要目标是清晰的就可以。

咨询师： 很好，我也期待你能不断提升自己，慢慢把生活过成你想要的样子。最后要谢谢你的信任及对咨询活动的选择。

咨询师手记

大学生面临职业选择的困惑，常常是因为求而不得，舍弃又很艰难。梳理出对于所选问题看重的要素，努力守住最重要的，才有机会实现次重要的，是应对决策问题的重要思路。

在使用决策平衡单时，要基本遵循以下步骤（图8）：

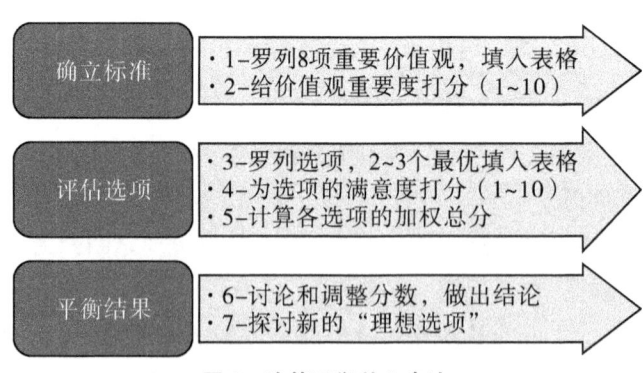

图8 决策平衡单七步法

 知识链接

内外职业生涯

一个人的职业生涯发展具有显性和隐性之分，即外在的职业表现和内在的心理成长。只有这两者同步发展，与时俱进，才能产生内外和谐发展的心理愉悦感。

外职业生涯是指从事职业时的工作单位、工作地点、工作内容、工作职务、工作环境、工资待遇等因素的组合及其变化过程。外职业生涯着重强调外部环境和外部条件，其构成因素通常会随着外在条件的变化而变化。

外职业生涯的特点：外职业生涯的构成因素通常是由别人给予的，也容易被别人收回。外职业生涯的构成要素往往与自己的付出不符，尤其是职业生涯初期。外职业生涯发展是以内职业生涯发展为基础的。

内职业生涯是指从事一项职业时所具备的知识、观念、心理素质、能力、内心感受等因素的组合及其变化过程。内职业生涯是人生初探时全部问题的自我解答过程，如果能够深入分析自我，认识自我，并在此过程中让自我不断明确、肯定、满足，那么，内职业生涯的确立已经开始。

内职业生涯各项因素的获得，需要个人通过学习、研究等方式不断完善。内职业生涯各因素是真正的人力资本所在，是一个人生涯发展的原动力。内职业生涯的完备，也为外职业生涯打下良好的基础。

职业的顺利发展取决于内外生涯的均衡发展，就好比一个人要靠两条腿走路，外在的能力素质提升和内在的心理成长就是这两条腿，必须协调同步地前进才不至于绊脚摔倒。

（资料来源：http://www.sohu.com/a/122609613_563275）

案例 13：老师，我应该选哪一个工作？（研究生）

咨询师：陈璐

来询者概况：李同学，文学院学科教学专业研究生，求职时面临两个职业选择。一是在广州的广雅中学（属于广东省第一批次学校）非编的工作，学校是一个初中部的新校区，离家近。二是在广州南沙区教育局，具体分配学校未定，但南沙区整体的中学教育水平比广州市中心区要低两个档次。

主要咨询问题：职业选择

来询者：老师，我现在有两个工作机会，但是我不知道应该选哪一个。

咨询师：能简单介绍一下你的基本情况以及现有的两个工作选择吗？

来询者：好的，我是广州人，家里独生女，有一个在广州市区工作的男朋友。目前有的两个工作机会，一个是广雅的新校区，但是今年是第一年招生，所以有很多不太确定的地方，最近刚结束公示的。另一个是南沙区教育局的工作，我不知道应该选择哪一个。

咨询师：纠结这两个工作机会的点在哪里呢？

来询者：广雅的学校是在一个新楼盘里，明年第一年招生，生源可能是附近批发市场人员的小孩以及附近楼盘的小孩，也就是说生源情况并不是很理想，有可能教起来会比较辛苦。而且这个工作是没有编制的，虽然招聘的老师说转正的机会比较大，但是这些事情谁都说不准。这个工作离我家比较近。我自己曾在执信中学实习，喜欢学校的多元活动氛围，觉得视野有所扩大。而南沙的工作是有编制的，南沙也是一个比较有发展前景的城区，不过因为是教育局统招，所以具体分到哪个学校还不知道。

咨询师：关于这个职业选择，你与家人或者男朋友商议过了吗？

来询者：我家里人更希望我在广州市区工作，他们觉得南沙毕竟还在开发中，各方面的配套设施并不是很完善。但是他们也很希望我有一个带编制的工作，而且那边的房价还是可以接受的。反正我觉得父母也挺纠结的。我男朋友倒没有什么关系，他说即使在南沙，他也愿意往市区通勤上班。

咨询师：所以，可理解为决策权在你手上，只是你想综合衡量自己与家人、男朋友的利益对吗？

来询者：是的。

咨询师：收到。关于决策问题，在我们生涯辅导中常用的工具是决策平衡单，以辅助澄清各方考虑要素。

来询者：好的。

咨询师：涉及职业决策，我们需要综合考察你的职业价值观。根据舒伯的研究，常见的13种职业价值观包括：利他主义、美感、智力刺激、成就感、独立性、声望地位、管理、经济报酬、社会交往、舒适（环境）、安全感、人际交往、追求新意。请你在其中挑选出8个在你进行职业决策中看重的职业价值观。当然，也可以不局限在以上职业价值观选项，只要是你在做这个选择时看重的价值观都可以梳理出来。

来询者：好的。那我会选择学校名声、职业前景、地理位置、稳定性、薪酬、下一代的资源、未来家庭、校内外环境。

咨询师：你如何理解下一代资源、未来家庭以及校内外环境呢？

来询者：下一代资源就是我的小孩有没有机会从幼儿园开始就能获得一些教育资源的支持；未来家庭就是我以后在这个城市落地生根有没有可能性，我以及我的家人会不会喜欢这个地方；校内外环境主要是安全性以及整体自然环境的考虑。

咨询师：明白。那我们按照决策平衡单的使用方法依次进行打分环节。首先是为这些职业价值观在你心中的重要程度打分（1~10分）。其次是为每个工作选项在满足你各项价值观的程度上打分（1~10分）。最后，我们算出加权总分后，再进一步分析。

来询者：好的。（具体决策平衡单打分情况如表3所示。）

表3　来询者职业决策平衡单

价值标准（8项）	重要度（1~10分）	广雅的民办中学	南沙的中学
学校名声	9	8	6
职业前景	8	8	7
地理位置	8	8	6
稳定性	10	6	10
薪酬	8	7	9
下一代的资源	7	8	7
未来家庭	7	7	7
校内外环境	7	6	8
总分	—	463	483

咨询师：看到这个分数情况，你有什么感受？

来询者：其实我心里还是有一个倾向的，只是可能对于广州市区的工作还有一些不舍的地方。

咨询师：决策平衡单只是帮助我们清晰选择过程中各方的考虑因素，并没有要求选择高分选项。一切在于你想实现怎样的人生，能力现状如何，其余的因素我们都可以通过方法探讨来厘清思路。

来询者：嗯，我理解。其实经过这次分析，我发现自己还是很在乎编制这个事情的，广雅的工作不确定因素太多，我不想去冒这个险。而且我的梦想是做一个在自己的教育领域有一席之地的人，如果在南沙这样的地方教书，虽然挑战会大一些，但是我相信凭自己的能力还是有可能突围出来的。我听很多师兄师姐说，越是好的学校，竞争越大，连评职称都要排队。

咨询师：还有吗？

来询者：我在执信中学实习的经历也可以帮助我借鉴他们的活动形式及理念以便在自己工作的中学里做一些尝试和突破，这点也许会成为我新的优势。

咨询师：看来你想得越来越清晰了。

来询者：是的，没有刚开始的纠结感了。

咨询师：那我们还需探讨一些问题，如果选择了南沙的工作，平衡单中的低分选项可以怎么弥补呢？

来询者：我想，首先我会向自己接触过的中学老师请教经验，尽快提升能力，适应工作环境，提醒自己不断调整适应。其次就是改变自己畏难的心态，从现在开始多看书、多准备。

咨询师：还有吗？还有哪些是你现在可以去做，或者未来可以做的？

来询者：现在南沙的体检已过，岗位正在公示，很快会进入正式签约的环节。这段时间，我也可以去了解一下南沙的中学，看看区内有哪些好的学校。未来的话，我会邀请父母退休后到南沙居住，毕竟那边的环境会越来越好的。

咨询师：收到。到目前为止，对于这个职业决策的问题，你还有什么疑问吗？

来询者：暂时没有了。

咨询师：好的。如果用一句话概括你在这次辅导的收获，你觉得会是什么呢？

来询者：我觉得要看清自己的内心，守住最能实现自己梦想的核心价值，其他都是可以通过努力去弥补的。

咨询师： 好的。那也祝你未来可以通过努力让自己发展得更好。谢谢你的信任，我们的咨询就到这里结束了。

 咨询师手记

决策是根据所获信息做出选择的过程。决策的问题出在所获信息上，如信息不全、歪曲，因此信息要全面、客观、有时效性。决策问题中，澄清是否为真决策问题比较重要。比如，来询者是否有决策权，什么时间内要做出决策……当面临决策问题时，要尽力做到权衡利弊，利用有限的资源，使当下的决策价值最大化。咨询师应利用方法帮助来访者看到资源、扩大资源、整合资源，以做出价值最大化的决策。

 知识链接

决策问题思考的四个维度

当谈及决策问题时，咨询师可以先从四个维度（图9）和来询者进行探讨。

1. **时间**

这个决策困扰你多久了？

你做了哪些努力和尝试？

最晚到什么时候你必须要做出选择了？

2. **决策权**

你自主选择的权限有多大？

这是一个通知还是一个协调？

这是决策问题还是适应问题？

3. **观点**

这个问题你都和谁讨论过？

假如和……商量的话，他/她会怎么说？

为什么？

对于他/她的建议，你怎么看？

4. **目标**

如果不知道自己要去哪里，对路径的比较是没有意义的。

选什么不重要，关键是，你要什么？

让我们站得再远一点。

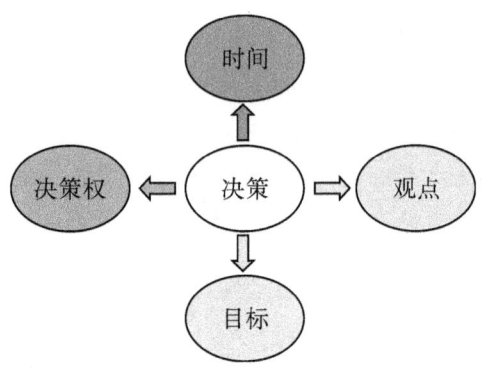

图9　决策问题思考的四个维度

（来源：明光生涯教育有限公司，贾杰讲义）

 **案例 14：老师，我要不要回生源地工作？（研究生）**

咨询师：余晓玲

来询者概况：徐青（化名），教育科学学院研究生三年级，学前教育专业。

主要咨询问题：是否回生源地工作？已经签约了一个职业院校，担任学前教育专业教师，但现在觉得很后悔，想回生源地四川就业，不知道应该怎么办。

一、收纳，建立关系

咨询师：你好，请坐吧。

来询者：好的，谢谢余老师。

咨询师：让我先认识一下你吧。

来询者：我叫徐青，是教科院研三学前教育专业学生，我是四川人，原来在成都上本科，研究生才考到华师来的。

咨询师：哦，那过来这里觉得适应吗？

来询者：刚开始觉得有点不适应，主要是以前认识的同学很少来这里，感觉交流起来习惯有点不一样，不过现在好多了，毕竟也三年了嘛。

咨询师：对，大家都一样，刚到一个新地方时难免要适应，回头一看时间也过得很快，现在马上就要毕业了，今天来到这里有什么问题是特别想聊一聊的吗？

二、澄清

来询者：进入毕业班以来我感觉我们这个专业找工作也不是那么容易，专业对口的话要不就是到一些职业院校做学前教育的专业老师，要不就是去一些培训机构，也有一些到小学去做老师，但到小学做老师也是限制很多，毕竟我们是学前教育专业的，没有相对应的科目。所以我找工作找到后面都有点慌了，大概一个星期前有一个职业学院来招人，我就赶紧投了简历，当时面试通过了，签约的时候我想好不容易有一份工作了就签了，但是签约完之后我又特别后悔。

咨询师：职业学院做学前教育专业的老师看起来似乎是专业最对口的工作了，为什么会觉得后悔呢？

来询者：因为这个学校在揭阳，我也不是广东人，都没去过那里，就是听人说很远，而且听说那边的人好像有点排外，不知道以后会怎么样。但是毁约的话，我也不知道该怎么办，毁约了不知道能不能找到更好的工作，我又很犹豫，搞得最近整个人都心慌意乱的。

咨询师：如果说不接受这份工作，有什么其他的选择吗？

来询者：其实我是很想回家乡去找工作，只是也不好找，我之前也回去过一趟，没有找到合适的，后来因为要准备论文答辩，我就又回来了。

咨询师：也就是说目前没有其他确定的就业机会了？（来询者点头）到底要不要毁约这个决策要什么时候有一个明确答案？

来询者：之前没有想过具体什么时候要有答案，只觉得为这个事情很烦恼，感觉做不了决定。又觉得要快一点有个决定，因为关系到我要不要回家去找工作。

咨询师：最近本来有回家找工作的打算吗？打算什么时候回去？

来询者：这段时间因为导师要求回来改论文，可能没办法回去了，至少这两周都没办法回去，可能要到4月底才能回去。

咨询师：所以其实至少在4月底前是否跟用人单位办理毁约对你的求职计划并没有太大的影响，对吗？用人单位那边有什么要求吗？

来询者：没有，他们都挺好的，还说让我可以去他们单位考察看看再最终决定要不要来。

咨询师：所以如果说现在平静下来想一想，这件事你觉得什么时间前要有一个确定的选择了？

来询者：嗯，5月1日前吧，五月份我们就要答辩了，而且马上就要毕业了，最迟在那时候也应该定下来了。

咨询师：好的，今天是3月31日，到5月1日我们还有一个月的时间，在这一个月时间我们来看看能做些什么，使我们到了5月1日能够更好地做出是否毁约的决策，接下来我们就聊聊这个话题，你看可以吗？

来询者：嗯，好。

三、分析

咨询师：对于是否要毁约这件事，在来这里之前，跟其他人聊过吗？家人的意见怎么样？

来询者： 同学各自找各自的工作，都很忙也给不了什么建议，我也跟家人说过这件事，他们都说由我自己决定。

咨询师： 嗯，那么你在思考这个决策过程中的难处是什么？

来询者： 我就是想回家找工作去，我想离家近一点，这样就可以陪家人，但是其实回家找工作更难，因为我这个专业到高职院校比较合适，家里那边这种类型的学校很少，小学的招聘也比这边少，之前回家找了一段时间都没有收获。

咨询师： 想回家找工作主要是为了陪家人，这是你自己的观点还是说家人也有这个希望？

来询者： 是我自己这么觉得，我很小的时候爸爸妈妈就去浙江那边打工了，我跟他们在一起的时间很少，所以想以后多一点时间陪他们。他们没有对我提出回家的要求，其实他们现在也还在浙江打工，他们就是说让我自己做决定（声音开始低沉，停顿）。

咨询师： 他们对你要不要回去工作是没有要求的，而且他们现在其实也在外地，所以你想回去工作跟更好地陪他们至少目前来说是没有关系的。那是什么使你想毁约回家找工作？

来询者： 我发现我是有点在逃避，每次一到要做重大决定的时候我就不知怎么办，感觉自己很孤立无援，从小到大爸妈都没怎么管我，每一次做决定的时候他们都说让我自己决定（哽咽，哭）……我也不是说怪他们，我知道他们也没办法，他们自己没读多少书，就是在外面赚钱供我们几个小孩读书，都很辛苦了，唉，我也不知道自己怎么回事。

咨询师： （靠近来询者，递纸巾，眼神关切）嗯，是的，在我们学会做决定的时候确实会需要家人或者重要他人的支持。我听到你说在成长过程中你主要都是一个人做决定，爸妈没能给你什么帮助，虽然你能理解爸妈，但是你心里还是觉得……（看着来询者，语气不肯定，渐缓，待来询者确认补充）

来询者： （点头）我心里还是觉得希望他们能给我一点支持，哪怕是说给点建议也好，而不是让我一个人去面对。

咨询师： 一个人面对决定对你来说不容易，你觉得这样的经历对你的现在有什么影响？

来询者： 就是感觉到自己特别没有安全感，总是害怕会选错，担心如果选错了怎么办。我甚至觉得跟我现在的男朋友在一起，都不确定自己是不是真的喜欢他，有时候我会想可能只是因为我跟他在一起觉得比较有安全感而已。

咨询师： 这种"比较有安全感"的感觉是怎样的？跟男朋友在一起为什么会让你比较有安全感？

来询者： 就是感觉他会肯定我，我做什么他都会比较支持我，不怕会被否定吧。

咨询师： 嗯，这种被肯定的感觉会让你比较有安全感，具体到做决策这件事上呢？回顾过往，有没有哪次决策的过程是你觉得比较满意的？

来询者： （思考）嗯，也有一些吧……又好像不是特别明显记得有哪次了……

咨询师： 具体的事情不记得了，但是回顾一下那种感觉，为什么那几次决策过程能够让你觉得比较满意？

来询者： 应该是我比较清楚自己要去做什么，一步一步地怎么走，对，就是这种感觉。

咨询师： 好的，那么我们回到现在要做决策的这个问题来，我们来看看怎么让接下来要做的事清晰起来。

来询者： 嗯，好的。

四、行动方案

咨询师： 摆在面前的是一份现成的工作，在揭阳，专业对口，但离家比较远；另外一个选择的方案是回家去找工作。目前不能很好地做出决定，是因为有很多信息其实我们还不确定，例如揭阳那份工作实际上到底怎么样？包括你之前担心的工作环境是否能够接受？回家去找工作到底能否找到更合适的？

来询者： 对，所以没办法做决定。

咨询师： 那你思考一下，接下来一个月的时间能做些什么使得信息能够更明确一些呢？我们先看揭阳的这份工作，做些什么能使你更了解这份工作的情况？

来询者： 之前工作单位来招聘的人也说了欢迎我随时去见习，我想我其实可以去一个星期左右感受一下，这样就不会光是想象那里是怎么样的了。

咨询师： 嗯，好的，大概哪一周去时间比较合适？协调好论文等学校这边的事务。

来询者： 下一周吧，这几天再改一下论文。

咨询师： 好，再看看回家去找工作这一方面，实际上我们说找工作也是要有准备的，首先就是信息搜集和分析，这个准备其实你不一定要回到家乡才能做，你想想上次你回家找工作时，是怎么获取就业信息的？

来询者： 上网搜的。

咨询师：对，上网的话你其实现在在这里也可以同时进行，专门建立一个文件夹，每天都搜索一些招聘信息，并做好分类和整理，根据地区、面试时间等做好计划表，这样回家找工作才能提高效率。

来询者：哦，是的，我上一回就觉得耗费了很多时间但是也没见几个单位，也没有成功，上次我就没有先搜很多信息，搜到一个、两个就赶紧投简历去面试了。

咨询师：所以其实这两件事可以同时进行。

来询者：好，到时候结束揭阳单位那边的见习后，再看看情况。

咨询师：对，搜集到的就业信息的情况和见习的感受可以更好地帮助你做决策。

来询者：好的，谢谢老师，总算脑袋里清楚一点了。

五、结束

咨询师：那我们这一次的咨询先到这里了，一个月后如果有需要我们还可以再预约。今天还有什么其他特别想补充的问题吗？

来询者：暂时没有了，很感谢老师今天让我去面对自己一直以来有点逃避的事情，今天聊完感觉心里好像轻松了很多。我才发现有很多时候我找了很多借口让自己不去面对选择。

咨询师：好的，那我们这次就先到这里了，再见。

来询者：谢谢老师，老师再见！

 咨询师手记

来询者刚到时，表明是职业选择的问题，但在澄清过程中发现来询者实际上是在过往的经历中构建了一个"缺失重要支持因此自信不足，无法做出正确选择"的自己。在来询者的表述过程中，从开始的平静理性到情绪起伏，很明显感受到她将"问题"和"自己"等同在一起了。通过来询者对过往经历的叙述，将问题外化，把问题通过与人的关系呈现出来，"安全感的缺失"成了问题的新外化界定，包含她生活经验的许多重大部分，引起她的共鸣。接着通过对问题的影响做独特的检视，可以找到独特的方法，使来询者从现在开始认清新的意义。只有找到问题真正的症结，并且通过激发来询者个人的力量去解决它，才可能去面对表面上的选择问题。

案例 15：面对数个 offer，我该如何抉择？（研究生）

咨询师：段晓岚

来询者概况：小云（化名），硕士研究生应届毕业生，职业技术教育学专业。

主要咨询问题：（1）了解自我，更明确自己的职业定位；（2）求职技巧，如何发挥自己的优势；（3）当下工作问题的细节问题：签约及违约等。

一、 收纳， 建立关系

来询者： 您好，段老师，我是小云。

咨询师： 你好，小云。

来询者： 老师，我对于自己的职业生涯的规划一直比较模糊，也有很多疑问，上一次去面试刚好被领导问到了关于我的职业生涯规划问题，虽然自己糊弄了他，但是我觉得不能再糊弄自己了。所以想要借此机会，能够多了解自我，多学习。

咨询师： 收到。小云，在咨询前，需要填写咨询收纳表收集你的基本信息，请做霍兰德职业兴趣测试、职业价值观测试，并列出三件比较有成就感的事情，越详细越好，把结果发给我，同时自己保存一份。

来询者： 好的，段老师。

咨询师： 等你啦！

来询者： 段老师，资料现在发给您。我之前做过职业生涯规划，要不要一起发给您？

咨询师： 好干练的女孩子，可以一起发给我！那咱们约周六晚上 20：00—21：00 好吗？以微信语音的方式进行。

来询者： 好的，到时聊。

咨询师： 不见不散！

二、 澄清

咨询师： 小云，晚上好！

来询者： 段老师，晚上好！

咨询师： 那咱们开始！我详细看过你的资料，尤其是你的职业生涯规划，在向我咨询的人中包括在职人员、华师在校生，这是我目前看到的最完整详细的规划了。很少有人对自己有这么清晰的规划，而且不断在尝试、确认。你好棒！

来询者： 那个是我研二的作业，还是下了些功夫的。

咨询师： 原来这样啊，虽然是课堂作业，但真的能像你这样认真准备的不太多。为你骄傲！

来询者： 谢谢老师夸奖。

咨询师： 咱们先明确一下你的需求，咨询收纳表里提到，希望通过我们的沟通尝试解决三个问题——（1）了解自我，更明确自己的职业定位；（2）求职技巧，如何发挥自己的优势；（3）当下工作问题的细节问题：签约及违约等。对吗？

来询者： 是的，这是目前比较困扰我的几个问题。

咨询师： 咱们一个个来分析，可以简单介绍一下吗？

来询者： 好的，老师。我马上要毕业了，已经开始面试找工作，手里有几个offer，不知道怎样去选择，现在对于自己的定位还不是很清晰。

咨询师： 理解。可以详细说说吗？

来询者： 我研究生读的专业是职业技术教育学，毕业之后大多做老师，现在面临一个现实的问题：进本科院校，听起来比较高大上，但只能做行政人员，没有教课的可能；去高职院校，虽然有教课的机会，但起点不高，不利于今后发展。两者不能兼得，有些矛盾。

咨询师： 你的思维很清晰，大赞。据我了解，211、985学校招聘老师基本都要求海归博士了，国内博士录取的可能性很小。

来询者： 老师，您对高校的情况很了解啊。华师现在也是这样的。

咨询师： 我有朋友在985大学做老师，会了解一些信息，希望对你有帮助。那你对于自己的职业是如何定位的？上学期间做过哪些尝试？

来询者： 我比较喜欢讲课。在暑假去培训学校兼职，他们也很认可我。原来计划毕业创业合伙做培训，后来发现需要投入太多，我又是一工作就停不下来的人，把身体都快拖垮了，所以做不了培训。

咨询师： 说到职业定位，咱们可以回顾一下做的测试题，也许可以从中找到值得借鉴的东西。

来询者： 好的。

咨询师： 你的霍兰德职业兴趣测试，结果是ESA，第一个代码E是企业型，说明你拥有自信、管理的特质，计划性强，执行力强，愿意也擅长带领团队完成目标，适合的职业有企业家、管理、销售等；第二个代码S是社会型，喜欢也擅长与人打交道，适合的职业有老师、培训师、咨询师等；第三个代码A是艺术型，想象丰富，创造力强，喜欢自由，适合的职业有作家、画家、舞蹈家等。这个测试结果，证明做教师既是你喜欢的，也是你擅长的。测试结果准确性如何？

来询者： 挺准的，确实在讲课的时候，让我很有成就感和价值感，所以会很有热情与激情。

咨询师： 你写的三件成就事件让我很骄傲：①高中三年成绩逐学期进步；②考研：在妈妈不支持的情况下，踏实复习，以笔试第一、面试第一的成绩被录取；③2017年学会骑自行车。发现自己的优势：①有主见，能坚持自己的想法；②意志力较强；③有想要不断挑战自我的勇气；④做事有计划，执行力比较强。小云，你真的好棒，你的职业定位很清晰，而且有能力去实现，只需要给自己一些时间去实现！

来询者： 谢谢老师夸奖。

三、分析

咨询师： 既然你的定位是要做教师，那咱们分析一下你面临的两个选择哪个更可能实现，好吗？

来询者： 好的，老师。

咨询师： 你的第一个选择是在本科院校做行政人员，有没有可能转去做老师授课呢？

来询者： 没有可能讲课，只是在那里工作比较好，薪资也不错，说起来比较好听。

咨询师： 对的，我有个同学就是在中山大学做行政人员，合同工。如果一直做行政，你开心吗？你想在别人的羡慕中，痛苦地过自己不想要的生活吗？

来询者： 这不是我想要的，我喜欢讲课，喜欢和学生交流，也希望能做学术研究。

咨询师： 对，在本科院校做行政人员，可以满足外在的评价标准，让别人觉得你的工作不错，但却无法满足你内在讲课的需求。你能放弃这个需求吗？

来询者： 在高校做老师，这是我的职业定位，暂时不会改变。

咨询师： 明白了。咱们一起看一下你的第二个选择——在高职院校能兼任教师的岗位。

来询者： 这个学校最近几天等着我答复，我还在犹豫。虽然这里能兼任教师，但能不能顺利转为教师还不确定，学校的具体情况、学生素质等都不清楚；又担心现在签了合同，如果找到更好的工作，到时要承担违约责任，不签又怕错过了。

咨询师： 小云，不急，现在做不了决定，是因为你不太了解这个学校的信息，缺什么信息继续补充就可以了。比如不了解学校的情况，可以在网上搜索，可以直接问学校人事部的人，问得越详细证明你对这份工作越重视啊。另外看看亲戚、朋友、同学有没有在那里上班的，再取得一些信息。几方面的信息综合在一起，互相对照，答案基本就出来了。

来询者： 违约的事也可以直接问人事部？

咨询师： 当然可以啊！相信你绝对不会说"我有可能违约，你告诉我会负什么责任"吧？

来询者： 那肯定不会的啦。

咨询师： 可以让学校发合同过来，你借着了解合同细节的名义，再提些相关的问题，这是常规的动作，人事部肯定会回答的。别忘了我就是做人力资源管理工作的啊。知道了违约需要承担什么责任，心里就有数了。

来询者： 老师，我知道了！我还有一个问题，转为教师难不难呢？

咨询师： 这个要看你教课教得怎样以及学校的相关政策。我在中大听课时，有个老师上课的时候对着自己写的书，一行行念下去，一字不差，听得简直要晕了。有的老师课讲得特别好，我每次都舍不得下课。每个学校的学生都可以在网上对老师的授课质量评分，进行全校排名的，如果评分太低，直接影响评职称。以你的能力来说，如果把课教好了，学生们都喜欢你，学校怎么会不给你机会呢？一个讲课照本宣科，另一个精彩迭起，后者机会更多。

来询者： 我明白了，关键还是要把自己的事情做好。

咨询师： 对的。

来询者： 老师，我还有个问题——在面试的时候，怎样展示自己呢？虽然说我做的事很多，属于各方面都会点、有些经验，也写过几篇论文，但是感觉都不是很突出，如果遇到某个方面比我强的人，我会显得很平庸，没什么竞争力，那我该怎样才能争取机会呢？

咨询师： 已经做的事情不能改变，但你可以通过过去的经历说明你有潜力做得更好，比如：态度上——我好学，服从性强，我非常愿意去做；能力上——

擅长和人打交道，执行力强，有创造性，有更大的潜力。也就是说过去无法改变，我就致力于改变未来，把这种潜质展示出来就可以了。

来询者：我原来就是一直列举自己做过哪些事，客观的陈述，没想到原来可以在展现我做过的事的同时，也适当展现我的未来潜力。这是一个很好展现自己竞争力的新视角。

咨询师：对，面试就是这样的。自信＋能力＋优秀展示＝面试成功。

来询者：老师，我对于职业生涯规划师这个职业很感兴趣，怎样才能去实践呢？

咨询师：这个职业我也很喜欢，当你的所学和阅历可以帮助到他人的时候，会特别有成就感，会觉得之前所有的付出都是值得的。我说一下自己的准备过程，供你参考。2016年12月我考了职业生涯规划师证书，今年5月准备考心理咨询师，也可以通过读书、培训来积累知识。工作经验也是很有必要的，有一定的阅历，才能站在高的地方俯视，更容易看到全局。你需要的是知识和经验的积累。当然，学校内部也有心理咨询中心，条件允许的话可以多去实践。可以列入未来的职业规划，作为努力的目标。

来询者：明白了，谢谢老师。

四、行动方案

咨询师：通过今晚的沟通，感觉你会不会有些完美主义呢？

来询者：是的，总希望什么事都做到最好，所有会有些焦虑。

咨询师：适当的未雨绸缪是好的，过了，就容易焦虑，更应该做好当下，一步步接近目标，合理安排好时间，不给自己太大压力。

来询者：好的，今后我会注意的。

咨询师：小云，在毕业的十字路口，不管怎样的选择，都面临着取舍，只要不奢求十全十美就好。只有完整准确的信息，才能支撑你做出正确的选择。先收集一些更详细的信息，好吗？

来询者：好的，我会尽快去联系在那个学校工作的师兄了解情况的。

咨询师：先别急着做选择，把今晚沟通的主要内容总结一下，写出行动方案，比如何时补充相关信息、接下来怎样做等，所有的咨询最终都要落实到行动上，否则一切都是零。如果不及时回复，那家学校肯定不会一直等你的，通常会有替补人员，那这个机会就丧失了。

来询者：好的，谢谢老师，我整理好就发给您。

附小云的咨询总结及行动计划：

咨询的收获

（1）明确了职业兴趣方向，知道自己的职业兴趣可能会随着自己经验的增多与自我调整发生改变，了解了原因，更加明确自己的职业兴趣方向——社会型与企业型。自己感兴趣的领域可以一直深耕，也可以偶尔尝试不同的兴趣方向，多尝试。

（2）通过列举三件比较有成就感的事，让我从中再一次发现自己，重新找回些自信，更加了解自己的优势。

（3）明确了自己的求职方向——高职院校，能兼任教学的岗位。面对众多的本科院校招聘，不再犹豫不决、患得患失了，坚持适合自己的选择。每一个选择有得必有失，取其利，是自己的核心需求，了解其弊端，能接受弊端就是合适的选择。更加明确未来的职业方向，对于存在的一些问题，也得到了解答，如高职学生是否不认真听课，是否能顺利转到教学岗等。

（4）通过老师的分析与分享，关于求职技巧，知道如何进一步发挥自己的优势，之前的面试都只是陈述自己做过的事（科研、教学、行政管理方面），在面对某一项比较突出的对手时，自己比较没有竞争优势。在之后的面试中，可以展现自己的学习能力、执行力等潜质。从面试官视角去思考一些问题。

（5）对于当下工作的问题有了比较明确的方法思路，可以执行并获得答案。

（6）在了解自己优势的同时也了解到自己需要注意的问题，自己过于未雨绸缪，容易着急焦虑，有点完美主义倾向，以后在着眼未来的时候，更应该做好当下，一步步接近目标，解决好眼前出现的问题。对于未来可能出现的问题，可思考，但也可缓缓，具体等到明确问题后再着手。合理分配时间与精力，调节好工作、兴趣爱好和生活等。

（7）通过老师关于友情的分享，也更加坚定自己要寻找可以相互理解、依靠的朋友。

（8）老师的乐观、认真以及专业感染了我，希望自己努力学习，争取做一个那样的老师。

下一步行动计划

（1）了解即将签约的学校信息以及签约之后可能存在的后果（下周三前）。

（2）继续寻找更加适合自己的岗位与学校，总结笔试、面试经验，结合老师给的意见，重新调整（下一次笔试面试前）。

(3) 重新完善自己的职业生涯规划书（4月）。

(4) 进入具体工作岗位后，结合自身情况与岗位需求，再明确自己的核心竞争力具体方向。

五、 结束

咨询师： 小云，关于职业规划还有哪些要沟通的吗？

来询者： 没有了，老师已经对我的问题进行了详细的解答，谢谢老师。

咨询师： 所有问题的答案都在你心里，我只是引导你从另外一个视角去看待自己，这是一个一起探索的过程，你很棒！有什么结果及时告诉我。

来询者： 谢谢老师，谢谢老师的帮助。

（几个月后）

来询者： 老师，我的工作已经搞定啦。

咨询师： 去了哪里？

来询者： 一家高职院校。

咨询师： 恭喜！

来询者： 现在自己也觉得一切都是最好的安排。当时有2个offer在手，确实比较纠结。不过在纠结的过程中，也慢慢明白现阶段自己更需要什么了。后来自己在两者比较下，选择了第一家学校，是自己考虑到待遇的因素，两者的待遇相差挺大的，权衡了下，还是觉得工资太低有点没法接受。

咨询师： 第二家也考上了吗？

来询者： 是的！后来又考上了三个高校！

咨询师： 你好棒！真心赞美！

来询者： 嗯嗯，欣然接受老师的赞美，然后更加相信自己！

咨询师手记

来询者是个非常优秀的学生，在读书期间对职业生涯定位已有清醒认识，并不断努力尝试，确认定位是否准确，正因为如此，才会在毕业前夕获得多达5家单位的offer，从而在选择时有了纠结，而这种纠结是典型的趋避式冲突。

借助霍兰德测试结果分析，明确兴趣点所在及可能适合的职业，进一步确认职业定位为高校老师。通过三件成就事件分析，让来询者对自己的优势有了更清晰的认识，如计划性、执行力、勇于挑战自我等，对自己更了解，从而强化了信心。同时总结了面试的技巧、信息收集的方法等，解答了相关疑问，让来询者理想慢慢清晰，明白现阶段应取舍什么，如何一步步接近自己期待中的工作。站在毕业的路口，条条大路通罗马，是舍弃社会的评价标准、听从内心的呼唤，还是跟随社会的评价、舍弃内心的呼唤，选择后怎样身体力行日夜兼程，是每个人需要面对的难题。

咨询师以第三者的身份，以来询者为中心，带着问题，步步突破，在解决咨询前问题的同时，在互动中分析可能蕴藏在背后的问题，当收集到足够的信息，触摸到真实的想法，选择自在不言中了。

 知识链接

信息加工理论

很多生涯咨询师都希望在最初能有一套方法，快速定位问题，并提供清晰而结构化的解决思路。始于1991年的认知信息加工理论（cognitive information process, CIP），提供的正是这样的方法论。罗伯特·里尔登、詹姆斯·桑普森、加里·彼得森等所著，侯志瑾等老师翻译的《职业生涯发展与规划（第3版）》，详细介绍了CIP理论的应用。

CIP 理论基本假设

CIP 学者们认为，生涯问题存在一些共同特征：

（1）生涯问题是现状（正在发生的事）和期待（理想中希望的事）之间的差距。

（2）生涯问题的解决通常有多种备选方案，而不只有一个正确选择。

（3）选择结果通常都具有不确定性。

（4）针对一个主要生涯问题的决策，几乎总会导致另一些现实无法预料到的问题产生。

CIP 学者关于生涯发展有4项重要假设：

（1）生涯选择是一种问题解决的活动。

（2）生涯问题解决者的能力，以其所知（知识领域）及我们如何思考（决策领域、执行领域）为基础。

（3）生涯咨询的目标通过促进信息加工技能的发展而达成。

（4）生涯成熟度取决于一个人解决生涯问题的能力。

CIP 学派对生涯成熟度的定义是：个体所拥有的独立和负责地进行生涯决策的能力水平。

CIP 理论对于生涯咨询最具价值的地方在于，它通过两个极其简单的理论模型，清晰地阐述了如何定位生涯问题所涉及的因素（CIP 金字塔），以及如何有效进行决策（CASVE 循环）。围绕着两个模型，对于新手生涯咨询师来说，如同获得了一套工作指南，可以快速识别问题、建构解决方案。

一、CIP 金字塔

CIP 学派认为个体生涯选择过程涉及三个层面的要素。如果用计算机信息加工隐喻个体的认知过程，可以用金字塔模型来表示。

1. 知识领域

处于金字塔底层的知识领域，如同计算机存储器中的数据库，它包括了解自己（自我知识）和了解外部环境及各种选择（职业知识）。这是个体得以做出有效决策的基础。

2. 决策技能领域

金字塔的第二级水平决策制定领域，即如何有效决策。个体进行决策的过程如同计算机的应用程序，个体进行生涯决策也需要占用大量的记忆空间（正如计算机程序运行需要占用大量内存），这就要求大脑有足够容量来进行信息处理（大量负面情绪困扰会挤占大脑信息加工容量）。CIP 学派研究发现，一个有效决策过程一般包括五个步骤：沟通、分析、综合、评估、执行。

3. 执行加工领域

金字塔第三级水平是执行加工领域，是对知识领域和决策过程进行反思的过程，即元认知过程。这个领域技能的缺失，就如同计算机失去了工作控制功能，病毒入侵或程序错误运行将不再被察觉。

元认知即对认知过程的认知，也称之为反思、内省、自我觉察。人认识外界事物的过程就是认知过程；而人反思"自己认识外界事物的过程"是元认知过程。元认知技能则包含了自我对话、自我觉察、自我监控。

例如，小明今天接到 A 和 B 两个 offer，需要当天给答复。他比较了一下发现 A 和 B 都很不错，他把两个选择的优点都写下来比较，还是不知道该接受哪一个。这个对比分析过程是认知过程。后来他回顾自己做比较的过程，发现自己的纠结点在于 A 的薪水高一些、B 的内容自己更喜欢，当觉察到自己两者都想要而必须做一个取舍时，体会到喜欢更重要，做得好薪水慢慢会涨，最终决定选 B。这个反思过程就是元认知过程。

执行加工领域常出现两种障碍：一种是缺乏元认知技能，即只是凭着惯性或过于依赖他人意见做决策，缺少独立思考、觉察；另一种是元认知中存在限制性信念。

限制性信念调整四步法：

①发现：找出限制性信念，并将其陈述出来。

②分析：通过实证挑战这些信念的合理性。

③换框：将其转变为相对积极的陈述。如我没资源、没能力、永远不可能找到理想工作，转变为我暂时缺乏找到理想工作的技能，如果努力提升将有可能。

④试验：将新的积极信念转化为有效的行动。

金字塔模型给咨询师在咨询中定位来询者提供了一个基本框架。我们通过一些常见的问题表述可以了解它的应用价值。

1. 来询者常见表述

①我不知道自己适合做什么。

②两个工作都还不错，我不知道该怎么选。

③我很迷茫，不喜欢现在的工作又没什么目标。

④我有个 offer，但不知道这个工作发展前景怎样。

⑤不是我不积极，今年就业形势这么差，找工作肯定不理想。

2. 咨询问题定位与回应

以 CIP 金字塔对生涯发展的理解，这些困惑都可以被纳入以下三个层次中并予以解决。

问题①和③主要是知识领域中的自我知识问题，对自我了解不清。咨询师可以尝试跟来询者做兴趣、能力、价值观、目标等探索。

问题④是知识领域中的职业知识问题，对职业选项缺乏了解。咨询师可以协助来询者了解职业调查的基本框架（如图 10 所示），并推动其完成职业调查。

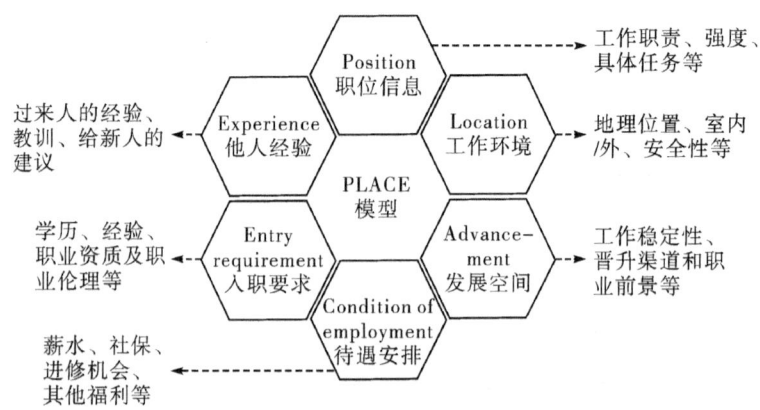

图10 PLACE-2模型（修订自吴芝仪的PLACE模型）

问题②是明显的决策技能领域问题，缺乏有效决策的技能方法。咨询师可以围绕CASVE循环，与来询者进行决策过程梳理。

问题⑤更有可能是执行领域问题，即元认知层面存在限制性信念。面对这种情况，咨询师可以从发现、分析、换框、试验四个步骤排除限制性信念。

除此以外，也可以通过其他方法排除限制性信念。比如建构论的技术，解构限制性信念的形成脉络，看到限制性信念的价值和限制，进而调整它与来询者的关系。这已超出CIP理论，后面再做详述。

二、CASVE循环（图11）

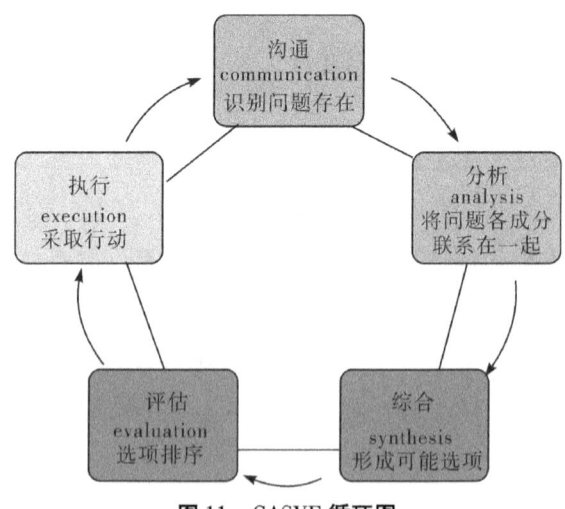

图11 CASVE循环图

CASVE 循环的五个部分分别是：

1. **沟通**（communication）

找出现状与期待的差距。这个阶段是一个从认知（对现状和期待有何看法）和情感（感受如何）上充分理解问题的阶段。沟通的目的是让来询者清晰理想与现实的差距，意识到自己要做一个选择。

2. **分析**（analysis）

将问题各成分联系在一起。这是"了解我和我的选择"的阶段。这一阶段，咨询师要澄清来询者的自我知识（兴趣、能力、价值观、性格、期待等）和职业知识（行业、组织类型、岗位、地域、学习与休闲、市场机会等）。分析的目的是了解自我、选择与目标之间的关联，而关键是要澄清问题/选择被哪些因素影响。

3. **综合**（synthesis）

形成可能的选项。这是过程咨询师要协助来询者尽可能发散思考，可以通过"头脑风暴"过程先将所有能想到的选项都列出来，然后再从中选出2~3个相对更好的备选项。综合的目的是形成一个选择清单。这部分最难的是来询者常处于困扰和压力下往往很难发散思考，咨询师又过早结束探索，而未能做到"先扩大再缩小"。

4. **评估**（evaluation）

对各选项进行排序。这个阶段首先是要评估每种选项对来询者及他人的影响，然后对选项进行排序。评估的目的是对筛选出的相对好的选项，进行细致的对比分析（比如决策平衡单的评分和讨论过程），形成暂时性的决定或优先选项。

5. **执行**（execution）

制订计划展开行动。这个阶段是要将暂时性的选择落实到行动计划上，通过行动试验对选择的有效性进行检验。这个过程不一定是决策的结束，执行过程中获得新的信息和体验后，可以再次回到沟通阶段，确认所做的选择是不是个好选择——检视理想与现实之间的差距是否已消除？如果差距尚未消除，将再次循环这个过程。

三、注意事项

生涯问题解决和决策的过程是一个连续的过程，有赖于每个阶段的顺利实施。在决策过程中，有三个点容易出现困难：

第一，沟通阶段，来询者陷入负面情绪和迷茫，不知如何开始。这种情况常常是，卡在不满意的现状中，而期待不清或不能向前看。这需要咨询师能充分接纳和理解来询者，协助其能从"现状"转换到"期待"。

第二，评估阶段，始终无法对某一个选项做出暂时性承诺，即纠结于尚未找到理想选项。这种情况往往是元认知层面出现了问题。咨询师需要检视其元认知层面是否存在限制性信念。

第三，执行阶段，很多来询者会因为难以将选择划分为阶段性目标和各个小行动步骤，或者对无法消除的不确定和模糊任务过分担忧。咨询师需要协助来询者细化行动计划，鼓励来询者做低成本小步尝试。

CIP学派认为生涯选择就是一个问题解决过程，所以咨询师在整个咨询的核心流程也就是围绕CASVE循环，帮助来询者清晰梳理问题，找到解决方案，并推动行动的过程。

1. 咨询流程参考框架

咨询师熟悉了循环的五个部分后，可以将之作为自己咨询流程的一个参考框架。任何一个来询者来找你协助解决困惑，你都要——

首先，通过沟通（C），澄清来询者的困惑和期待。

其次，通过分析（A），了解来询者自我知识、职业知识水平，找到两者与生涯目标的关联，澄清问题的影响因素。

第三，通过综合（S），形成尽可能多的选项，并筛选出3~5个备选方案。

第四，通过评估（V），对比分析不同方案之间的优劣（可运用决策平衡单），并做出暂时性的选择。这个部分可能会遇到限制性信念（元认知障碍）。

第五，通过执行（E），破除限制性信念，对选择进行低成本小步测试，并获得反馈。

2. CASVE 思考清单

①沟通（C）：

来询者现在面临的困扰（具体困惑）是什么？

谁有对选择的最终决定权？

什么时间范围必须做一个选择？

来询者对生涯发展的期待/理想状态是什么？

②分析（A）：
来询者会关注哪些影响因素？
呈现出哪些需求/价值观？
对哪些职业感兴趣？有哪些能力资源优势？
想过哪些可能的职业方向，对它们有哪些了解？
基于自我和环境现状的理解，怎么推动目标达成？
③综合（S）：
和来询者能列出多少种选项（解决方案）？
这些选项中哪2~3项更具有可行性（或适合来询者)？
关于这个问题与选择来询者有什么重要观点？
④评估（V）：
备选项各有哪些价值和不足？
哪一项是当前优先选项？哪一项可以作为备选项？
⑤执行（E）：
对于这个选择下一步计划是什么？
打算何时何地开始行动？
会有哪些担忧或风险，如何应对？
怎么开始第一步？

（资料来源：http：//mp.weixin.qq.com/s/URjSeA5WCUX3UuL-vkY0Cw，有删改）

考研定位篇

案例16：老师，我该考研还是找工作？

咨询师：陈璐

来询者概况：李同学，经管学院三年级本科生。

主要咨询问题：在考研与找工作的选项间纠结，希望可寻求决策方向。

咨询师：我们的咨询一般是50分钟，我看到你选了生涯规划、求职心态和职业方向。如果咱们先聚焦在一个问题上，你觉得我们先从哪个开始谈起比较合适呢？

来询者：我希望先是生涯规划吧。

咨询师：能简单介绍一下你自己并谈谈你目前对这个问题的想法吗？

来询者：好的。目前我是经管学院三年级本科生，这个专业我还是比较喜欢的。家里比较希望我读个研究生，如果考的话，我可能要考回北方那边的学校，因为我是北方人。可是，我自己的想法是，不想在复习的时候再重复一次高考时的状态，而且我有点担心如果考研不成功，我就会错过找工作的机会。

咨询师：收到，看来你对这个问题也有过一些思考。能告诉我目前你为什么想读研吗？

来询者：我想着读研可以有更好的职业选择机会，而且家里也没有大的经济负担，因此想着要不要考研究生。

咨询师：无论考研还是不考研，我们一起来想象一下，五年后，你希望是怎样的生活状态呢？

来询者：五年后啊？

咨询师：嗯，五年后，那个时候，你大概是26岁。那个时候，你希望在什么样的单位里工作，生活状态是怎样的呢？

来询者：那个时候在一个单位里上班？做着一份普通的会计工作。

咨询师：那个单位是怎样的一个单位呢？事业单位，外企，民企还是其他？

来询者：我没有想得很清楚。

咨询师：单位性质不同，我们的工作和生活状态也是不一样的。比如，在事业单位，环境和收入都比较稳定，人际交往能力较为重要。如果是企业，则是强调多劳多得、优胜劣汰的，且企业中的外企会较为强调企业文化。你有没有想过，自己更偏向于在哪种氛围下工作？

来询者：我自己倒是觉得挺难选择的，既想要稳定，又想在企业里闯一闯。

咨询师：嗯，我能理解，如果这两个必须要选一个呢？你会选哪一个？

来询者：我想我会选择去事业单位。

咨询师：好的，这种工作单位是否需要你具备硕士的学历呢？

来询者：如果有一个硕士学历的话，考公务员或者其他选择的机会会更多一些。

咨询师：那好，如果你有这个想法，对考研的这个问题还有什么困惑的地方吗？

来询者：第一个是时间问题，现在是大学三年级的第二个学期，而且时间已经过了一半，我不知道复习的时间是否足够。第二是我不想像高三一样再经历一次辛苦。第三是怕万一考不上会耽误找工作的时间。

咨询师：嗯，我理解，主要是时间、投入体验和博弈这三个方面的问题，是吗？

来询者：是的。

咨询师：那我们一个一个来看。首先是不想再经历一次高三一样的辛苦，我想问问你现在开始考研的复习了吗？

来询者：已经开始了。

咨询师：感觉如何？

来询者：其实感觉还行，也不像想象中的那么辛苦，而且生活还规律了一些。

咨询师：我是否可以理解为，考研复习的辛苦是可以被克服的？

来询者：是的。

咨询师：好，那我们来看第二个问题：时间不够。我们这样思考，在你看来，如果在考研的准备程度这个问题上，在0~10分之间打个满意分的话，你觉

得应该有几分就比较合适了?

来询者: 我觉得至少要有8分。

咨询师: 收到,你能告诉我8分的时候具体是一个怎样的状态吗?

来询者: 8分的时候,至少专业书已经看过两遍,做过四五套真题。

咨询师: 还有吗?

来询者: 自己也知道北方有哪些学校是可以选择的,了解专业的录取分数和导师的情况。

咨询师: 还有吗?

来询者: 感觉自己的准备是充足的,有力量的。

咨询师: 我们再梳理一遍,8分时候的状态是专业书已经看过两遍,做过四五套真题,知道北方有哪些学校是可以选择的,了解专业的录取分数和导师的情况,感觉自己的准备是充足的、有力量的。是这样的吗?

来询者: 还有一个,就是复习的时候能够比较快速地投入状态,效率会比较高。

咨询师: 嗯,收到。那如果让你给自己现在的复习状态打个分,你会给自己多少分呢?

来询者: 现在,只能是2分。

咨询师: 好的,从2分到8分有6分的距离,你能做些什么缩小这个差距呢?

来询者: 我想首先我要营造一个学习的气氛,除了勤工助学活动外,我将花更多的时间在图书馆里学习和复习。

咨询师: 嗯,大概一周在图书馆复习多少天,你就觉得自己的目标实现了呢?

来询者: 我想每周还是要休息一天的,除了上课时间外,其余时间都去图书馆,这样可能就可以了。

咨询师: 好的,还有吗?

来询者: 嗯,应该是进入这个复习的状态。以前觉得考研复习特别苦,就像高三一样,现在觉得也还可以接受,可能是我刚开始复习吧,还没有到最难的部分。

咨询师: 也就是说刚才你提到的考研复习的痛苦是可以克服的,对吗?

来询者: 是的。

咨询师: 好的。关于复习状态的提升,你还能做哪些努力呢?刚才我们提到了营造学习氛围，没课的时间都去图书馆。

来询者： 还有一个是找考研复习的朋友，我宿舍没有考研的同学，身边倒是有考研的朋友，在考虑要不要和她们一起复习。但是我的顾虑是大家一起出发，总是得等来等去，反而会耽误时间。

咨询师： 那你现在如何考虑这个问题？

来询者： 我打算还是自己一个人，时间会灵活和自由一些。

咨询师： 好的，关于考研的准备还能做一些什么努力呢？

来询者： 我还需要做一个考研复习的计划，看哪个时间节点应该完成哪些步骤。

咨询师： 嗯，有什么样的人可以帮助你吗？

来询者： 我可以找以前有考研复习经验的师姐。

咨询师： 很好，关于考研的专业和学校，有目标了吗？

来询者： 还没有，大致只是定在了北方的学校，但是没有想好具体去什么学校和专业，应该是和我现在的专业相近的。

咨询师： 所以，我能理解为目前你对未来的研究生专业及学校选择仍不明确，对吗？

来询者： 是的。

咨询师： 那你打算怎么做？

来询者： 回去就开始查这个方面的信息，我可以找师姐或者其他老师问问。

咨询师： 嗯，了解专业的时候还需要了解专业的人才培养方案、就业方向和导师的情况，因为研究生的教育和本科生还是有所不同的，研究生学习的三年时间也是一种成本，因此要在信息收集全面的时候再做选择方能更有底气。

来询者： 嗯。老师，我还有一个困惑，我在纠结暑假的时候在哪里复习，既考虑留在广州，又想回家那边。

咨询师： 两个选择让你纠结的点在哪里呢？

来询者： 我觉得留在广州可能会复习得更彻底一些，因为其他人都回去了，我可以更专注地复习，但是担心的是学校暑假没有什么吃的。如果是回家的话，我又担心自己自控力不够，会被同学叫出去玩。而且这个选择也会影响我在哪里找考研的复习班。

咨询师： 收到。主要是复习准备的自控力以及饮食的问题对吧？

来询者： 是的。

咨询师： 我们首先来看饮食的问题，这个问题可以解决吗？即使不在饭堂用餐。

来询者：其实也可以的，学校附近还是有吃的地方的。

咨询师：好，那复习准备的自控力方面呢？

来询者：我会给自己制订计划，在非娱乐时间绝不出去。

咨询师：在哪里更能执行这个计划？

来询者：留在学校更好。

咨询师：你有没有考虑过复习进度快的话，可以回家休息一段时间。

来询者：可以的，就当是对自己的奖励。

咨询师：好的，刚才你还提到了找考研补习班的报名问题，如果复习地点确定了，这个问题还有困惑吗？

来询者：没有了，我会开始收集这类培训班的信息，去听听他们的课程，暑假前报名完毕。

咨询师：好的，关于考研复习，还有什么疑惑的方面吗？

来询者：还有一个是考研和就业之间怎么平衡？

咨询师：好。人的精力总是有限的，如果我们选择了考研复习，自然在实习投入、就业准备投入上就会变少。如果我们经过分析，已经明确了考研的决心和方向，接下来就是如何准备考研和处理就业准备间的安排问题了。

来询者：是的，我会先以考研复习为主。

咨询师：对，当你备考期间看到同学找到工作或者忙碌于找工作的时候，要谨记自己的初心，不受他人干扰。我们可以一起想想，如果在考研结束后，成绩出来前，我们还可以做一些怎样的准备呢？无论是求职方面还是研究生复试方面？

来询者：我想我应该会根据考研的感觉来定，如果考试后感觉还行，我就会先做个人简历并且准备复试。如果考试的感觉一般，我就开始多些准备在求职方面。

咨询师：很好，看来你也是有策略的。如果我们的感觉和考试的结果不一样呢？

来询者：这种情况也常常存在，我也不知道到时候研究生的分数线是多少嘛。

咨询师：嗯，那你打算怎么办？

来询者：我觉得到那个阶段就做两手准备。谁都不知道当时的情况是怎样的，所以做最坏的打算和最好的准备。

咨询师：非常棒。对于考研这个问题，你也考虑得挺周到的。那到现在为止，你还有哪方面的疑惑吗？

来询者：暂时没有了。对于考研的复习我已经比较清晰了。

咨询师：好的，我们来想象一下，一年后，那个已经考上研究生的你会对当下这个状态的自己说些什么呢？

来询者：我会说，这是人生必经的阶段，坚持住就好了。

咨询师：很好，我们这次咨询对你有什么价值吗？

来询者：我觉得自己更有目标和方向感了，也不那么为现在的问题焦虑了。

咨询师：好的，如果你在复习考研或者求职方面还有其他困惑，还可以继续预约我们的咨询。

来询者：好，谢谢老师。

 咨询师手记

无论考研与否，其背后都是对未来生活状态的安排。因此，在咨询中，我常常会问学生，未来五年你想过怎样的生活？这个生活状态本身是否需要一个研究生的学历来支撑？

既然是一个生涯决策问题，就一定有博弈。同学们觉得难以取舍，主要是因为考研复习需要占用大量的时间，怕考不上耽误找工作。

因此，对于考研决策而言，我们需要了解和考虑哪些因素呢？

1. 未来的工作方向是否需要有研究生学历？还是可以就业后再考在职的研究生？
2. 研究生的教学内容及就业方向是否如自己所想的一致？
3. 研究生导师有哪些？研究生学习的状态是否是自己想要的状态？
4. 研究生的学费是否属于家庭可承担的范围？
5. 考研是为了学术研究还是为了有个学位？
6. 研究生就业方向对应的行业未来是否有可持续发展的前景？
7. 自己是否有足够的时间开展考研的复习和提升？
8. 一旦考不上，是否有后备方案？

综合考虑了以上要素，才好做考研与否的决策。

因此，考研不应是躲避本科期间因缺乏生涯规划而没有足够积累或者没有求职方向的出路，也不应为了满足父母意见而做的选择，更不应是别人考所以我也考的跟风。无论考研复习，还是读研三年，都是有时间成本的，想透彻为什么的问题，方能更笃定自己的选择，排除外界的干扰。

当然，考研与否是个非常个性化的问题，每个学生考虑的因素也有所不同，与咨询师具体沟通能得到较为贴近个人需求的选择。

案例 17：老师，我是否要考研？

咨询师：陈璐

来询者概况：张同学，女，法学院二年级本科生。在考研与找工作间纠结，希望可寻求决策方向。

主要咨询问题：考研与否

咨询师：你好，欢迎你预约我们的生涯咨询。我是今天的咨询老师陈璐。在我们开始咨询前，我先介绍一下学校生涯咨询业务的流程及安排。生涯咨询和辅导员谈话不同的是，我们不会给你任何建议，而是围绕你的困惑，用 50 分钟的时间和你共同探讨出相应的解决策略。在此期间，我们分享的所有内容都是保密的，你理解吗？

来询者：理解。

咨询师：好的，能否简单介绍一下自己，并谈谈你预约咨询的问题以及目前你对这个问题的想法？

来询者：我是法学院二年级的学生，广州本地人。当时我自己选这个专业的时候，主要是受同样是公职人员的父母影响。目前我考虑要不要考研，如果考研是否需要转一个学习方向，比如转文学方向的研究生。

咨询师：好的，你提到了考研与否的问题。我想了解一下，无论考研与否，未来你想从事怎样的工作呢？

来询者：我自己还是想考公务员吧，父母的那个状态也是我比较喜欢的。

咨询师：好的，考公务员这个选择是否需要有一个研究生的学历？

来询者：如果有研究生学历，考公务员的选择面会更大一些。

咨询师：你能说说看，自己为什么喜欢公务员吗？

来询者：我喜欢这个职业稳定的工作状态，这样的状态挺不错的。但是，我其实也会羡慕那些收入高的人，我有个表姐，她在公司里工作，收入就很高。

咨询师：收入高的这个表姐的工作和生活状态如何？是你喜欢的吗？

来询者：她总是很忙，加班也比较多。

咨询师：嗯，看来收入和劳动付出是成正比的，对吧？

来询者：是的。

咨询师： 本来要求工作环境稳定和收入高就是一对矛盾体。选择了工作环境稳定的工作也就意味着收入也是相对稳定的，就像你父母的状态。

来询者： 是的，可是如果工作稳定而且收入也高就更好了。

咨询师： 我们总是希望两全。

来询者： 嗯，就像我读了法学之后，没有一天不在后悔自己为什么没有选汉语言文学。

咨询师： 为什么呢？

来询者： 其实当年自己就在法学专业和汉语言文学专业之间犹豫。我也上网查了一些资料，可是资料查得不够细，我以为汉语言文学是研究古汉语方面的，所以就选择了法学。可是上了法学院后，发现法学专业也有很多要背诵的地方，在期末考试期间的压力甚至比高考还大。

咨询师： 背诵复习是平时这样，还是复习周的时候这样？

来询者： 基本是复习周的时候。

咨询师： 这种状态是你能忍受的吗？

来询者： 其实熬一熬也就过去了。

咨询师： 嗯，那意味着自己对这个专业不是本质上的反感，对吗？

来询者： 是的。

咨询师： 你现在对汉语言文学专业了解了吗？刚才你提到如果考研，考虑是否转一个专业。

来询者： 大概了解一点吧，不像自己想象的那样只研究古文，还可以看一些小说和文学作品，是我比较喜欢的一种状态。

咨询师： 去听过文学院的课程吗？

来询者： 还没有。

咨询师： 为什么呢？

来询者： 本专业的课程压力还是比较大的。而且，也还没有想过去旁听。

咨询师： 有时候，我们是带着对一个专业如艺术照一样的想象进入专业的，但是真正学起来的时候却发现不是一回事。也就是说，如果我们希望自己不再重复当年高考选专业时的被动情况，就要收集足够的专业信息，这样我们才能做出比较全面的选择。

来询者： 是的。那就是我现在还要去了解更多的信息，对吗？那具体要了解哪方面的信息呢？

咨询师： 比如说，文学和法学相关的研究生有哪些具体的方向，学制有哪些。

来询者：学制？

咨询师：是的，也就是专业是两年制的还是三年制的，除了学术型研究生，是否还有专业型研究生的选择？

来询者：哦，还有这个区别。

咨询师：专业有哪些核心课程，考核的方法是否与本科一样，有哪些导师，未来就业有哪些方向？

来询者：哦哦，要了解这么多。

咨询师：是的。因为选择背后意味着博弈和舍弃，我们总是希望兼得，但这恰恰让人进退两难。就好像你希望像表姐一样收入高，但是又不希望工作压力太大，工作占用时间太多。那两者就必须取舍，才能明确自己的选择，不会羡慕他人而忘了自己的生活。

来询者：是的。

咨询师：所以，回到刚才提到的工作选择问题，稳定的工作环境和高收入之间，你更倾向哪个呢？

来询者：我会更倾向稳定吧，我不喜欢变化太多。

咨询师：好的。那我们就需要正确看待他人的职业情况。回到考研与否这个问题上，你觉得哪个方向更有助于实现你的职业目标以及更能把控自己的能力呢？

来询者：我觉得还是法学吧，虽然学起来比较枯燥，但是还是比较有用的，下个学期我们就要实习了，之前去检察院见习的时候，我感觉还不错。如果我选文学专业研究生的话，我可能也没有办法在专业能力上和其他同学PK，反而会有一些劣势。

咨询师：好的，那接下来就是研究生专业信息的收集问题。我们需要了解法学相关的研究生有哪些学校招收，具体分哪些专业或方向，专业的人才培养特点以及考试要求等问题。

来询者：是的，我回去会收集信息。

咨询师：好，信息越充足、真实和有效，我们做出的决策将会越稳定。

来询者：好，老师，我还有一个疑问。从我们这一届开始司考要改革，以前司考和研究生考试的时间是错开的，但是现在不知道怎么改革，也不知道怎么去复习备考，我应该怎么办呢？

咨询师：这个问题听上去也是一个信息不足的问题。首先，司考的改革不是我们可以左右的，要听国家的安排。其次，在你看来，司考更重要还是研究生考试更重要？

来询者：我觉得司考更重要，研究生还是可以缓一缓的。不一定非得考到研究生才工作，但是人的记忆力是在减退的，所以还是早点考司考更好一些。

咨询师：好，如果你已经排序完毕，这个结果就比较明显了。也就是先准备司考，再跟进研究生考试的准备，对吗？

来询者：是的。

咨询师：很好，那现在你是二年级，你能为未来这个决策做一些什么事情吗？

来询者：我会去找更多的考研究生的信息，另一方面也看看有没有更多的关于司考改革的信息。

咨询师：好的，如果你收集完这些信息后依然有考研与否的决策困惑，可以和我们预约，再做咨询。

来询者：好，谢谢老师。

咨询师手记

本案例中，来询者由于高考填报志愿时没有对专业进行细致、全面的分析，因此，对本专业的学习不是非常满意，期待可以通过考研转一个学习方向，而当年想报还没有报上的专业，则成了未完成事件。日常咨询中，也有部分学生的考研决定表现为随大流，却忘记了自己的初心。因此，当决策困难时，不妨与来询者跨越选项看未来，探讨未来五年到十年，不管选择什么选项，其最想要的生活状态是什么，在目标明确的基础上，再回看、比对选项间的好坏。若学生看不清目标，只会因为当前有未完成事件而变成执念，左右前行。

案例18：老师，我该考研还是考公务员？

咨询师：余晓玲

来询者概况：李小敏（化名），女，中文系师范类学生。下个学期就步入毕业班了，面对即将到来的毕业生身份，小敏开始迷茫、紧张起来。小敏的家乡在福建的一个县城，家里还有一个妹妹在读初三，经济条件不算宽裕，但是支持她完成学业是没问题的。她家人支持她考研究生，继续提高学历，又希望她也试试考公务员，如果考不上的话再找工作，而找工作还面临着是在广东找还是回福建家乡找的问题。

主要咨询问题：考研与否

一、收纳面谈

小敏给人的感觉是属于活泼开朗型的，讲话语速较快，思维也很敏捷，即便正面临问题，也没有让人觉得低落消极的情绪，这使我们的收纳面谈阶段进行得比较顺利，我也收集了关于她的家庭背景、专业成绩、大学期间的大致情况等信息。我向她说明了作为全球职业生涯规划师的职责范围，并和她一起确定了我们的咨询目标：

（1）加深对自己的了解，包括职业兴趣、能力、性格类型和价值观等；

（2）在考研、考公务员、找工作的选择中，确定一个方向；

（3）确定方向之后，帮助她建立一个就业准备的行动方案。

我告诉她，这个探索的过程我只起到提供帮助和陪伴的作用，主要还是要发挥自己的主动性，并且会有一些作业和活动要做，希望她能投入，咨询还要分两次进行。她表示赞同，我们约定了下一次见面的时间，收纳面谈结束。

小敏的开朗和配合为我们接下来的咨询奠定了很好的基础，而我们确定的目标很适合运用CIP理论来展开咨询：先做自我了解，再做职业世界的了解，决策后找到自己的不足，制定行动方案。因此，下一次的面谈主要就是帮助小敏进一步自我探索。

二、自我探索

1. 职业兴趣

我首先让小敏谈谈她对自己的认识，小敏停顿了一会儿，笑着说，其实之前从未认真去考虑过这个问题，就是觉得自己性格还挺好的，也比较容易相处，其他没想太多。我进一步引导她可以从兴趣爱好、特长、专业学习、能力以及自己的优劣势等方面去描述。她说觉得自己的专业学习并不是很出色，虽然成绩还可以，但只是应试，过了考试就不怎么记得了，但是学习能力还是不错的，体现在自己曾经做过校学生会的干事以及班委，向其他同学学到了很多书本上学不到的东西；优势方面，她觉得自己是一个比较有毅力、能吃苦的人，而且勇于尝试，比如中文系很多同学不敢参加的唱歌比赛等活动，自己能勇于参加；劣势方面则是自己的专业学得不是很扎实。小敏还提到了自己的兴趣，喜欢唱歌、结交朋友，而且喜欢新鲜的、有挑战性的事情。在这里，我让她将"新鲜的、有挑战性的"具体化一点，举个例子，小敏提到自己在学生会时负责策划活动的经历，从想创意到组织开展，过程中有很多预料不到的问题，解决后会很有成就感。接下来我和她做了兴趣岛的活动，她的霍兰德代码是 ASR，我向她解释了代码所代表的含义，问她有何感受，她觉得还是比较符合她的实际情况的。

我继续问她："如果从自己的兴趣这个角度出发去考虑毕业后的三个选择：公务员、考研、做老师，有什么启发？"

小敏不假思索地回答我："其实我觉得公务员根本就不适合我啦，只是我妈老是说去试试看，公务员的工作能够有创造性的地方不多，规矩太多，更何况我最近买了公务员考试的试卷，里面那些数学题对我来说根本就是不可能完成的任务，我的数学一直都不好，在这么短的时间内要有一个飞跃简直不太可能。"

我："所以其实你对这三个选择实际上心里是有一个排序的。"

小敏："是的，要三个都兼顾是不理性的，毕竟可能有些考试甚至时间上都会重叠，而且精力也有限，如果要取舍，第一个舍弃的就是公务员。"

我："嗯，那么另外两个选择呢？"

小敏："应该还是主要把精力放在找工作上吧，虽然我现在也买了考研的辅导书在复习，但是还是觉得自己的专业掌握得不好，考上的可能性很低。"

我："如果考上了呢？到时候又找到工作了，怎么选择？"

小敏："考上了当然就读，反正根据现在的形势，今后工作了也总是要读的。（迟疑片刻）不过，也得看到时候找到什么工作，如果是足够好的工作的话，那就选择先工作。"

我："你觉得什么样的工作是足够好的工作？"

小敏："也没有具体的标准，反正，如果是做老师的话——其实做老师我刚开始是很排斥的，后来才慢慢觉得其实做老师也不错。"在我追问为什么排斥后，她回答:"觉得做老师很没有挑战性,都是一成不变的东西,教完高一高二高三,又倒回来教,似乎总是循环,看不到尽头的感觉;而且我过去从来没想过要做老师,我觉得做老师责任很大,要知识渊博,像我这样的专业知识,会误人子弟的。呃,我想我可能去做一个小学老师比较合适,感觉小学生的课堂比较好控制。"小敏接着讲了她假期在家乡的重点中学见习的感受,体现出自己对做老师不能胜任的怀疑。

到这里我觉得她又有点语速超快地跑题了,而且我听到她忽然提到想做小学老师,好像有新的问题出现了,我有点始料不及,为了更好地把握住咨询的节奏,我先停下会谈,让她进一步做一些评估。

2. 性格类型

学校就业指导中心购买了一套专业的测评系统,我让小敏用她的学号登录,完成了关于职业能力探索、性格类型的测评。

附:李小敏的 MBTI 测试四个维度得分图(图12)

您在MBTI各维度的测试得分情况如下图所示,从分值高低可以判断,在MBTI四个维度上,您分别相对偏向于E、N、T、P,因此您的性格类型为ENTP型,即外向、直觉、思考、知觉。

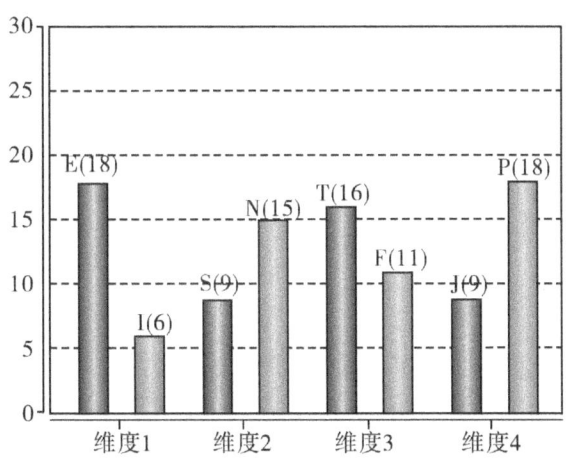

图12 来询者的 MBTI 测试结果

从测评结果来看,在MBTI四个维度上,小敏分别相对偏向于E、N、T、P,即外向、直觉、思考、知觉,根据测评系统所给出的测评报告,小敏富有想象力,喜欢新思想,有创新精神,追求增加能力和个人权力,力求使新想法转变为现实；喜欢兴奋与挑战；率直果断，多才多艺，乐于出于兴趣而争论问题；善于分析问题，策划能力出众；喜欢自在的生活，寻找快乐和变化。我问她对这一报告有何感想，她认为结果还是比较符合自己的特点的，报告也针对她的性格类型给出了一些针对不足的建议，她也比较认同。

3. 能力探索

我感觉小敏在叙述过程中对自己能否做好中学老师缺乏信心，而就我和她交谈的过程中感觉她的综合素质是很不错的，于是我让小敏做了生命线的练习，并着重描述她觉得有成就感的事件。综观小敏的生命线，只有两件事情她认为是有消极影响的，第一件就是中考失利，第二件是她将来想避免的，是嫁不出去（考虑到与职业没有太大关系，之后没有多加讨论）。而在描述的时候，小敏觉得其实中考失利也未必是坏事，要不然也不会有后来她的努力了。我对她思考问题的角度表示赞赏，然后请她描述最有成就感的两件事。第一件事，小敏认为是高考考了他们学校的第一名，她平时在班主任等老师眼中并不受重视，虽然成绩还不错，但因为个性上比较我行我素，不是老师眼中的乖小孩，其实她内心深处很想得到老师重视，因此高考成绩第一使她产生了一种"争了一口气"的感觉；第二件事，小敏描述了自己在大学期间曾经负责过校级的课件制作大赛，虽然是有师兄带着做的，但是在活动过程中不断地面临新问题，不断地想办法解决，虽然压力也很大，但是最后看到活动成功也很有成就感，在这个过程中成长了很多。

我让她从这些事件中总结一下自己的能力有哪些，她首先半开玩笑地说："嗯，第一个，我以后一定不能做像我中学老师那样的老师。"我赞同。然后她总结出自己拥有组织能力、学习能力、抗压能力、合作能力、表达沟通能力。我进一步问她觉得这些能力如果运用在将来的工作上，有没有一些启发。她点头道："嗯，做老师也是需要这些能力的。""那么对于专业知识比较薄弱来说有何帮助呢？"她想了想："或许我可以花点时间把专业尽量掌握得更好吧。"

4. 价值观探索

价值观测试的结果表明，小敏的职业价值观倾向为自主·独立型，在团队·融洽型、思考·创新型两种类型的价值观倾向也比较明显。小敏对这个测评的结果也表示认可，并且进一步描述了自己希望能够在一个压力不是太大的环境中工作，这样就可以更加自主地安排自己的时间，做一些自己喜欢的事情。她提到其实回家乡的县城也是不错的，竞争没有广东的大城市那么激烈，不用整天被工作和压力缠身，可以更加自由，更不受束缚。

附：李小敏价值观测试结果图（图13）

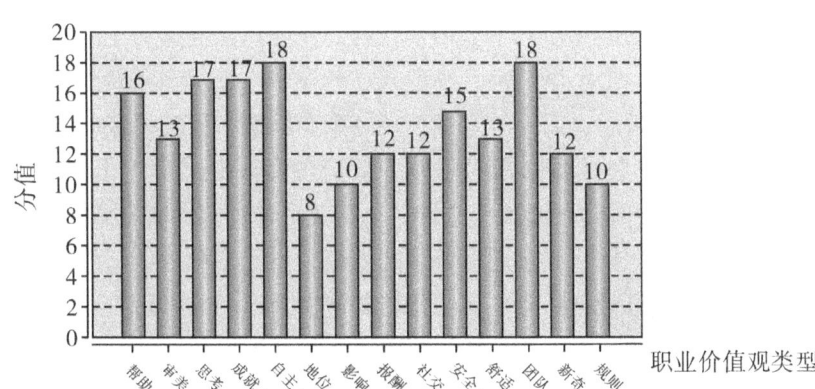

图13　来询者的职业价值观测试结果

第二次面谈结束时，我感觉小敏其实在考公务员、考研、找工作的选择上已经有排序了，甚至对于回家乡找工作的倾向也很明显了，但是出现了一个新问题，她开始犹豫是做中学老师还是做小学老师，看来她还需要做一些功课，加深她对两个不同类型的教师岗位的了解。我给她布置了一份作业，选择一些已经毕业并在中学和小学工作的师兄师姐来进行生涯人物访谈。问她是否有途径找到可以访谈的人，她表示应该没问题，以前在学生会工作时认识了一些师兄师姐，他们可以帮忙推荐，而且她假期在家乡的中学见习，也认识了一些老师。于是，我交代了生涯人物访谈的注意事项，让她带回去完成。根据现在的情况，第二次会谈我们将探讨不同类型的教师岗位，因此我建议增加一次咨询会谈，小敏表示这次谈话挺有收获的，很乐意增加一次咨询。

三、第二次会谈

小敏带着完成的作业准时来到，我让她谈谈感受。她回答："嗯，我总结了一下，中学老师和小学老师其实各自有优势也有不足。优势之处，小学老师的压力相对小一些，首先是专业知识上要求没那么高，其次也没有高考升学率的压力，而且跟小朋友们在一起我觉得很开心，再就是如果以211师范院校毕业生的身份在小学工作的话应该会比较受重视；而中学老师的话可能待遇会更好一些，我跟一些师兄师姐聊过，他们教中学的都会有奖金，跟学校的升学率有关，尤其是佛山这一带的学校奖金比较多,然后,中学生和我年龄更近,应该交流起来也会容易些,不过他们也处在很叛逆、张扬个性的阶段,我又有点没把握。劣势方面,小学老师暂时整体的素质还不如中学教师,我能够从同事身上学到的东西不太多,而且我采访过一个小学老师,她说现在的孩子在家里都很娇惯,似乎是批评不得说不得,也不好教;而中学老师,还是那个问题,我觉得我的专业知识不够。"我问:"你采访过的老师都是一毕业就能够做到一点都不出错吗?"她回答:"他们都说是需要时间和经验积累的,可能我之前的想象太完美了吧。"

接着我让她放松放松,调整到最舒服的坐姿,做几个深呼吸,然后闭上眼睛想象一下十年后的自己最佳状态如何。她的描述如下:"十年后三十岁了,应该有家庭了吧,最重要的是家人的身体健康,我爸妈要退休了,妹妹也应该大学毕业了吧,有一份很好的稳定工作;然后,我结婚了但是没有小孩,一到假期就到处走走看世界,工作上是一个被学生、家长认可的有经验的好老师。就这样,我觉得就是最好的状态了,很满足了。"这时我发现小敏实际上将家人放在很重要的位置上,虽然第一次收纳面谈时她说妈妈虽然会唠叨,但是做决定还是自己做,受家人影响不大。我问她我这样的推测对不对时,她回答:"是啊,其实我妈老是说决定你自己做,但是实际上她平时的言语中都已经对我有期待了。说实在的,以前我很不能理解她,天天盼着去学校就可以远离她的唠叨,但是这两年我越来越能理解她了。每个人的生活都有很多部分必须去平衡,所以我想其实回家乡也不错,因为再过三年妹妹肯定要出去上大学,父母年纪也大了,我还是想要更好地照顾他们,再说,家乡这两年发展也很快啊,既不会压力太大生活也很便利。"我对于她能够提出类似"生涯平衡"的这些话感到有点惊讶,于是简单跟她提了一下舒伯的生涯彩虹图,实际上到这里,她的选择已经很明确了。

通过这次会谈,小敏对小学教师和中学教师有了更深入、理性的认识,对胜任中学老师的担忧也降低了许多,她觉得自己属于既不排斥做中学老师也不排斥做小学老师的类型,这样反而到时候就业面更广。

会谈结束后我回顾了一下,实际上这次会谈最重要的是小敏对自己的认识更加深入了,而且在信心方面也增强了,这对于做中学老师和小学老师都很重要,其实也并不是一定要马上在二者之间做出选择,我们能通过这次交流减少她对做一名中学老师的担忧和不自信,也应该算是达到规划师助人的目的了。

四、 第三次会谈

这次会谈主要是针对找工作准备和兼顾考研做一个行动计划,我拿出一份事先打印好的日历表,让她标出考研的大致时间,以及她所知道的求职的高峰期。之后在另一张白纸上列出做好准备需要做的事情。小敏提出想使用我的电脑上网确认一些时间点,我同意了。在查询确认后,她标出了考研的时间,以及实习回来后的十一月到华师每年师范类专场招聘会的十二月八日这段找工作的高峰期;另外春节之后的三、四月份也是高峰期,这个时间也正是考研出成绩的时候;并且,福建省中小学教师的统招也是在三月份出公告。之后她写出了要做的事:实习、做简历、复习考研、准备找工作、参加招聘会、面试、寒假要回一趟家、三月份要回来考福建省的教师考试。我注意到这些事情还能够再分化得更具体,就问她:"如果从作为一名教师的素质要求来考虑,从硬件到软件,你需要具备哪些素质?"她猛然想起:"哦!我的普通话二甲还没过呐!我打算下学期最后再报一次,如果还过不了的话就不在学校报而要去外面的机构报了。"我问她在学校报和在外面的机构报有何区别,她说就是外面的机构更贵一些,但是通过率很高,而且拿证很快,随时可以报名,她们专业有同学是在外面的培训机构过的。进一步问及在学校报名的时间,她说九月份报名,十月份考,拿证可能要到十一、十二月。我提醒她看看她标出的时间表,可能会错过一些学校的招聘。因为语文老师的二甲普通话水平证书是硬件,她恍然大悟,表示今天咨询结束就要去向那些同学打听,尽快考到这个证书才好。我接着问她,除了硬件外,现在的教师招聘还有怎样的考核方式?你在这些方面准备得如何?小敏回答,现在的学校一般就是会笔试考高考语文试卷,然后面试再试讲,高考卷我也考虑去买一些习题来做了,然后复习考研的专业课其实也是在为找工作的笔试面试准备,一举两得;关于试讲方面,接下来九月份就要去实习了,也许可以利用好这两个月的实习时间。我让她将自己的这些安排一步步地填到那张日历表中去,一边填一边思考,如果还有细化补充的地方就自己再补充进去。在填写的过程中,我发现她为考研复习安排的时间并不多,仿佛是以找工作的准备为主,考研复习好像也同时为面试笔试做准备的,虽然前一次的咨询她也提到了对于考研的态度是重在参与,如果幸运考上就去读,我还是将自己的这个推测提了出来向她求证,她再次肯定了这一点。

  大约二十分钟,她已经将日历表大致都填满了,我建议她还可以回去细化,比如依据这张大表格制订月计划、周计划甚至一天的计划,(我本想还要她回去细化后可以发到我邮箱,我想这也方便我跟进,但是说到这里我注意到她轻微地皱了一下眉头,我忽然想起在性格测试的时候,她属于P型的人,她自己也重点强调了很讨厌用计划来束缚自己,于是我又补充到:大致方向的规划和安排是很重要的，但是对于如何细化，如何及时调整变化，这些都可以用你自己喜欢的方式。）她才连连点头，表示赞同。时间差不多了，我问她，还有十分钟左右的时间，你还有什么问题吗？她说，现在对于自己接下来要做什么比较清晰了，但是今后如果找到工作了或者是考上研究生了，还想来找我谈谈发展方向。我表示非常欢迎，可以到时再做预约，并且感谢她的投入和配合，咨询到此就结束了。

咨询师手记

收纳面谈结束后，我将小敏的收纳面谈表格又仔细地看了一遍，并且将刚才谈话的内容又回想了一下，发现在谈的过程中，虽然小敏很主动开放是好事，但是她的思维比较发散，有点天马行空。回顾了一下，我有点被她率着走的感觉了，比如我问她专业成绩如何时，她开始的回答是有关专业成绩的，但是一转眼就讲到中文系的课堂和政行学院的课堂的区别去了（她在入学时是政行学院的学生，大二转专业到中文系），由于她的思维很快，语速也很快，不知不觉中我有点跟不上她的节奏。发现了这一点后，我在接下来的面谈中一定要多加注意，要更加留意她表达的中心内容，把握好咨询节奏和方向。

（1）台上一分钟台下十年功，表演如此，咨询助人也是如此，要做好一次咨询服务，自己的积累和硬功太重要了，要定时复习、充电、学习、总结。

（2）在咨询过程中要始终保持对来询者的高度关注，同时要把握好咨询的节奏和方向，敏锐地捕捉来询者谈话内容中的核心部分，对于模糊的地方，一定要具体化，而不是用自己的主观去臆断。

（3）提前做好咨询计划和及时总结咨询过程，对于咨询的顺利开展有着极其重要的帮助。

（4）在咨询过程中遇到问题，应该要寻求督导帮助。

案例 19：我应该选哪个方向的专业？

咨询师：陈璐
来询者概况：卢同学，意大利语专业大三学生。有出国学习的打算，但没有想清楚就读的专业是什么。想与咨询师进一步做专业定位。
主要咨询问题：专业定位

咨询师： 你好，我是生涯咨询师陈老师。很高兴认识你，你希望我怎么称呼你呢？

来询者： 叫我 LZ 吧。

咨询师： 好的，今天你主要想向我咨询专业定位的问题，能先简单介绍一下你自己以及目前你对这个问题的思考与想法吗？

来询者： 好的，我是意大利语专业的大三学生，未来我想出国读研，但是有些问题还没有想清楚。

咨询师： 收到。那你今天希望我在哪些方面可以支持你呢？或者说，你对我们这次咨询有什么期待吗？

来询者： 有意向去国外读研，但我不打算继续学语言，所以我想做一个考研定位。一方面是想知道哪个国家更加合适，另一方面是想了解我想去的专业在未来就业的方向和前景，以及看看有没有具体的实施策略和建议。

咨询师： 收到。看来你已经考虑得比较详细了。

来询者： 老师，我做了个人的兴趣测试。这是我的报告，你能看一下吗？

咨询师： 从报告的结果来看，你的 ASIR 四个代码是相对分值较高的代码。你看完这个报告后，自己有什么感受吗？

来询者： 我对文艺方面的东西确实挺感兴趣的。动手能力就比较差。沟通方面，一般情况很少说话，如果是熟人沟通就还好。

咨询师： 还有呢？报告显示，你的 I（研究型）分数也挺高的，你自己的感觉呢？

来询者： 研究的话，要具体看我研究什么。比如，打游戏，看足球赛，那我就可以做到一边看一边研究。

咨询师： 好，关于兴趣测评的报告，还有其他的疑问吗？

来询者：暂时没有了。

咨询师：好的，那你能和我分享一下，为什么你想到国外读研究生吗？

来询者：现在这个专业没有自己想的有趣，有时候还挺无聊的。教学方法、考试方法和高中差不多，身边的同学有些也比较消极被动。

咨询师：那你对意大利语这个语言本身是感兴趣的吗？

来询者：兴趣是有的，自己也愿意学，但是前两个学期的成绩一般，上学期有部分科目还没有考。

咨询师：为什么会有些科目还没有考呢？

来询者：因为那个时候自己的精神状态不好，所以就申请了缓考。

咨询师：收到。那你还喜欢做哪些方面的事情呢？

来询者：历史、政治类的书比较常看，尤其是欧洲的历史政治。我高中参加过模拟联合国活动，但比赛成绩一般。

咨询师：还有吗？

来询者：还有音乐，音乐也是我比较喜欢的内容，虽然唱歌不跟调，哈哈，但是我参加过学校的合唱团比赛。

咨询师：参与音乐类的比赛，感觉如何？

来询者：还不错。我觉得自己还是有音乐鉴赏能力的，我最理想的职业是制作人或者歌手，如果不能作为职业，当成业余爱好也不错。

咨询师：大学期间还有哪些体验，让你感知到自己对哪些方面是喜欢的呢？

来询者：大学的时候参加了模拟联合国活动，主要讲擅长领域，大家说我的课件做得不错，讲得也不错。

咨询师：那挺好的。你喜欢这样的状态吗？做课件，讲自己擅长的领域。

来询者：挺喜欢的。

咨询师：在对自己喜好了解的基础上，关于未来出国就读的学校和专业，你有什么考虑吗？

来询者：我觉得语言只是一个工具，后期会有文学或语言学的东西。我自己想做历史或政治学方面的老师，平时主要负责教书，其余时间做自己想做的事情。

咨询师：你所指的自己想做的事情是什么呢？

来询者：就是写点文章。我以前在党支部写过文章，大家反馈还不错，所以我自己对这块还是比较感兴趣一些。

咨询师：收到，那为了这个目标的实现，目前你对哪些国外的学校和专业是感兴趣的吗？

来询者： 目前，如果我继续学语言的话，我会考虑意大利的波罗尼亚大学、挪威的奥苏鲁大学。如果我学欧洲历史，我会考虑日本的东京大学，自己也有日语基础。

咨询师： 还有国外的专业方向是你感兴趣的吗？

来询者： 那就是政治这一块，既可以发挥语言方面的优势，又可以形成读后感，发挥写作的爱好。

咨询师： 不管往哪个方向发展，你觉得为了更好地实现出国留学这个事情，需要在哪里调整和提升呢？

来询者： 我觉得首先是学业。

咨询师： 目前你的学业如果在0~10分打个分，你觉得自己现在有多少分？

来询者： 现在学业有5分吧。

咨询师： 那朝着出国这个目标，你觉得学业这个方面应该得几分合适呢？

来询者： 7分吧。

咨询师： 从5分到7分有2分的差距，我们能做些什么，缩小这个差距呢？

来询者： 不翘课吧，要看我的精神状态。之前我有社交恐惧症，一直接受心理治疗，现在有一些突破，愿意和同学沟通一些了，所以以后，我希望可以多和同学沟通。

咨询师： 还有吗？

来询者： 还可以多和老师沟通，调整自己心态，注意自己可控的部分。

咨询师： 也就是说不翘课，主动与同学、老师沟通，注意自己可控的部分，就能达到学业目标7分的状态，是这样的吗？

来询者： 是的。

咨询师： 好的，还有其他需要提升的部分吗？

来询者： 语言吧。

咨询师： 同样，如果在0~10分打个现状分，大概有几分呢？

来询者： 现在啊，6分。

咨询师： 那你未来希望达到几分，就觉得能更接近你的目标呢？

来询者： 10分。

咨询师： 10分，中间有4分的差距。你感觉自己能做哪些努力呢？

来询者： 以英语为例，目前看原著有些困难。未来我希望和外国人沟通时不费劲。

咨询师：嗯，刚才谈到的是目标，那我们能做些什么努力呢？
来询者：我会多看美剧，把它当成听力材料。
咨询师：还有吗？
来询者：没有了，看英语书我不太喜欢。看美剧还行。
咨询师：关于英语能力的提升，还有其他可补充的努力方向吗？
来询者：暂时没有了。
咨询师：好的。目前我们谈到学业和英语提升方向，除此之外，还有其他的方向吗？
来询者：写作吧。毕业以后我想在业余写点东西。
咨询师：写作不仅要写，还需要看，对吗？
来询者：是的。
咨询师：那我们分别能在看、写这两个方面做些什么努力呢？
来询者：看的话，现在每天大概半个小时，以后希望能达到一个小时。写的话，那就多看知乎、论坛以及学术论文方面的资料。
咨询师：很好，还有其他努力方向上的补充吗？
来询者：嗯，还有和外界接触吧。
咨询师：你所指的外界接触，具体指什么呢？
来询者：就是和人的接触，和他们做信息交换，让自己更愿意和人交流。
咨询师：同样，如果我们给与外界接触打一个现状分和理想分，分别是多少呢？
来询者：现状分是1分，理想分是5分。
咨询师：那根据你对自己的了解以及掌握的资源，我们在这个方面能做一些什么努力呢？
来询者：和系里的留学生以及外宾接触。
咨询师：和他们接触有没有一个方向呢？
来询者：有的，主要是通过他们收集国外大学的信息。
咨询师：很好，还有吗？
来询者：我希望假期做一些实践，与大学教师做职业交谈。还有就是找同学，问问他们学习的方法。
咨询师：好的，如果做到以上的四点努力方向：学业、英语能力、写作以及外部沟通，是否能进一步促成你的出国？
来询者：可以的。

咨询师： 嗯，我们谈到这里，先梳理一下。LZ，你的困惑是不知道未来考研往哪个方向努力，自己可以准备哪些，对吗？

来询者： 是的。

咨询师： 根据你的兴趣分析，你更喜欢文艺方面的事情，历史政治方向的内容。语言不是你首选的专业和课程，对吗？

来询者： 是的。

咨询师： 如果朝着历史政治方向的国外大学研究生学习目标，那我们可以往四个方向努力：学业、英语能力、写作以及外部沟通。

来询者： 是的。

咨询师： 我们刚才也提到了很多具体的努力方向。如果这个星期我们就开始做些努力，你会选哪一件开始做呢？

来询者： 嗯，我想我会先了解国外的大学招生的要求。

咨询师： 有什么资源可以帮助你更好地实现这个目标呢？

来询者： 我可以上网查询，找一些出国的中介机构咨询，或者问问我们家亲戚有没有这个方向的研究生。

咨询师： 特别好。我们谈到这里，你觉得还有哪些方面需要进一步和我沟通的吗？

来询者： 暂时没有了。

咨询师： 如果用一句话概括今日对话的收获，你觉得会是什么呢？

来询者： 我知道了未来自己努力的方向，不会在专业选择上这么迷茫了。

咨询师： 好的。其实我在这个过程中看到了很多你的力量，敢于追求自己感兴趣的方向，知道现在的学习和未来专业学习之间的关系。希望你可以继续加油，如果还有其他需要我支持的地方，可以与我联系再一次咨询的时间。

来询者： 好的，谢谢老师。

咨询师手记

心理咨询和生涯咨询是有严格工作边界的。工作边界虽使工作内容收窄，但也确保了专业性。在心理咨询问题上，不与来询者纠缠其问题产生的原因，更多地探讨未来如何解决和提升。咨询中应遵循有情绪问题先处理情绪问题，再处理发展问题。本案例中卢同学在接受了心理治疗后，自述有所突破，可以与人交流后，咨询师再与其谈论未来发展的问题。

本案辅导从来询者的兴趣出发，结合生活实践、体验，探讨考研专业方向，但由于学生对国外专业的信息掌握不足，只能改为探讨出国读研可做的努力方向，并取得了一定的进展。

求职心态管理篇

 案例20：选错的工作？

咨询师：陈璐

来询者情况：小曹，女，本科四年级，汉语言文学（师范）专业

主要咨询问题：是否应违约

小曹是应届毕业生，她与中山一所小学签订了协议书，但在即将毕业时，她却陷入了痛苦的纠结中，于是求助于咨询师。

在临近下班的时候，小曹走进了我的办公室，刚办完就业手续的她，神情有点焦虑和不安，她怯怯地说："老师，我可以和您谈谈吗？"我答应了。就这样，我俩坐在了沙发上，开始了一次非正式的咨询。

"老师，我是珠海人，家里就我一个女儿。我签了中山一所小学，可是，我其实并不是那么想去那里……一想到我以后要到那里工作，我晚上都睡不着。"小曹带着哭腔说道。

"听起来，你感到很纠结？"我试着先从共情开始。

"是的，我其实是很想回珠海工作的，但是没考上珠海的教育局，而且当时有这个中山的面试，我就去试了一下。当时也没想这么多，只是觉得可以试试看，一路过关斩将，没想到最终收到了录取通知。"小曹情绪稍微有些平复了。

"当时那个学校的情况你了解吗？"我进一步了解信息。

"当时不是很清楚，想着是在中山，而且离珠海就一个小时不到，距离上觉得还可以。而且比我优秀的同学都没有被录用，我觉得这个机会很难得，因此就答应了签约。"小曹继续讲述着，"但是，我后来查了一下，那个学校其实是在中山一个离市区比较远的工业区，那就意味着如果我去那里工作了，以后就在工

业区里了,视野会受到限制的。如果是这样,我宁愿辞职回珠海找个普通的工作。"

"嗯,我理解。一个是有编制的中山工业区教师工作,而这个签约并未在足够的考虑下做出来;一个是在珠海离亲人近一些的工作,哪怕是没有编制的也愿意做,是这样吗?"我开始做梳理和澄清。

"是这样的。"小曹回应道。

"既然如此想回珠海,纠结和犹豫的点在哪呢?"我有些不解。

"学校当时签约规定了违约金是5000元,且要求工作三年内辞职都算违约,我觉得这个也没有什么关系,就算我在那里工作满三年,再辞职也可以。可是这次学校通知我把户口也转到学校去,我非常不愿意,因为转出来后就很难再把户口转回珠海了。而且我曾试探性地问学校是否可以不转户籍,学校人事人员有点带威胁地说,那要自己想清楚,不转户口也算违约。所以我很纠结。"小曹又开始显得焦虑起来。

了解了大致情况,我开始引导小曹进行思考,看看是否有回旋余地。

"据你了解,如果在中山工作的话,如何可以克服眼界受限的问题?"我问道。

"比如没课、周末的时候多出来走走,或者自己多参加一些活动。但是我不想嫁个中山人,从此回不了珠海。"小曹又陷入了否定中。

"那留在中山三年后,再回珠海找工作的可能性有多大?"我继续问道。

"这个嘛,也是可以的。但是就会浪费了三年的时间。而且即使回珠海找工作,也不能再以应届毕业生的身份去找了。"小曹看了看我,似乎希望我给她帮助。

"有什么办法不浪费这三年的时间吗?"我引导小曹思考。

"嗯,比如拿个奖什么的。"小曹开始思索起来。

"哦,那有哪些是对以后回珠海找工作有帮助的呢?"我进一步引导。

"我还是希望做老师的,对做老师有帮助的莫过于拿个教学比赛的奖项,被评为学校的优秀教师。另外,三年的时间基本够评个职称了吧。"小曹越说越开心,仿佛看到了希望。

"很好,珠海的学校也不会拒绝一个优秀的教师的。那你的户口问题你还了解过有哪些解决方法吗?"我问道。

"户口如果真的要迁去中山,除非我以后嫁回珠海,或者在珠海工作。珠海的户口迁出了就不好进。"小曹说道。

"看来还是有办法迂回去的。那这件事情，你和父母商量过吗？"我开始了解小曹的社会支持系统情况。

"我父母不同意我违约，虽然我家庭并不富裕，但是我觉得赔偿违约金还是可以的。可父母说这是个有编制的工作，而且在中山，待遇还不错，希望我不要放弃。"小曹说。

"看来，如果要违约的话还需要做通父母的工作？"我进一步澄清。

"是的。"小曹说道。

"嗯，你觉得根据你自己的了解，能做通父母工作的可能性有多大？"我问道。

"其实没有什么把握。因为违约后，我只能去珠海做代课老师或者去公司工作。虽然我对工资要求不多，也不怕辛苦，但是父母总是会希望我过得好些。"

看到信息收集得差不多，我开始做收尾的工作。

"嗯，请允许我做一下梳理，在这个梳理的过程中，如果有信息不对的地方，请你补充或更正。在刚才你进来时，你谈到自己的困惑是不知道是否应违约回珠海找工作。如果回，需要支付违约金、做通父母工作及接受可能出现的非教师工作状态。如果不回，需要在中山的工业区中担任一名有编制的小学教师，并在三年内获得教学相关的奖项，不在中山恋爱、结婚，争取三年后回到珠海工作。是这样吗？"

"是的。"小曹说。

"好的，你觉得根据你自己的理解，哪个更容易实现？"我看着小曹，示意她给出反馈。

"第二个。"小曹回复说。

"好的，如果在这三年的时间里，你遇到了困难，阻碍你积累教师相关的能力和奖项，甚至阻碍了你回珠海，你觉得最大的困难会是什么？"

小曹思索了片刻说："自己管理不好自己。"

"如果当你遇到了困难，你最崇拜的一个人给了你一句鼓励的话，你觉得他会说什么？"我继续问道。

"他会说，自己选的路，跪着也要走完，不要放弃。"小曹的声音很坚定。

"好，希望你能勇往直前。在这过程中和学校、家人保持良好的沟通。咱们的咨询到这里可以结束吗？"我最后做了总结。

"可以的，谢谢老师。我现在清晰很多了。谢谢。"

咨询师手记

毕业生在求职时难免有骑驴找马的心理,虽说不算错,但事前一定要对用人单位进行全面的了解,在选择签约时一定要留意签约条件。当然,解决这个问题最根本的方式还是职业生涯规划的核心,知己知彼,坚定地知道自己想要的生活、职业是怎样的,才不会被别人带着走,最后令自己陷入痛苦和焦虑当中。

此外,大学生在签约过程中应对合约内容进行认真了解,对涉及侵犯自身权利的条例应主动与用人单位沟通或求助相关教师。在此案例中,首先明确签约甚至工作跟户口都没有关系,要不要迁户口是毕业生自己的自由,用人单位没有理由以此威胁。迁户口跟工作没有必然关系,也可能是该生存在信息不对称或者表述不清的情况。第二,签三方协议约定违约金是正常的,因为三方协议不是劳动合同,可以约定违约金,而且违约金设定为5000元也是合理的,因为大致是一个月的工资。

求 职 技 巧 篇

 案例 21： 我该在哪个城市工作？

咨询师：陈璐

来询者概况：钱同学，大四，经济管理学院国贸专业学生。高考填志愿时选择的是经济大类专业，后来发现这个专业并不如想象的好，学习动力不足，最终因成绩不理想被分到国贸专业。现在即将面临毕业，但觉得自己没有找工作的优势和动力，甚至没有找工作的勇气。因学生面谈初期情绪有些低落，且表述时不知从何入手，初步判断学生存在发展动力不足的问题。

主要咨询问题：目前不知道自己喜欢做什么，希望找到求职方向。

咨询师： 你好，钱同学，感谢你对我们生涯咨询工作的信任，希望今天我们的对话能帮助你梳理当下，更好地找到未来的方向。

来询者： 好的，谢谢老师。

咨询师： 在我们咨询开始之前，我有两点原则想说明一下：其一，咨询是我们双方的责任。咨询师需要对自己的咨询技术和咨询过程负责，而你需要对自己的选择负责，因此，咨询的过程中，我不会、也不能直接给你答案，我们会通过一些问题一起思考和努力。其二，我们的对话是保密的。这两个原则你能理解吗？

来询者： 可以的。

咨询师： 好的，那我们就正式开始咨询，能先介绍一下你的情况，以及你遇到的问题吗？

来询者： 目前的情况是由于成绩不够理想，我找实习时频频碰壁，后来只好找了一份类似兼职的工作先做着了。我现在刚上大四，简历可写的内容不多，无法形成自己的就业竞争力。在工作地点选择方面，我想留在广州这样的大城市工作，但父母希望我回潮汕老家。

咨询师： 刚才我听到你说希望自己能找到工作的方向和地点，并且获得制作简历方面的指导，对吗？

来询者： 是的。

咨询师： 嗯，这里涉及两个问题，一个是职业定位，确定找什么样的工作以及工作的地点；一个是求职技巧。在50分钟的咨询时间内，你觉得先解决哪个话题对整体问题的解决更有帮助？

来询者： 我想先确定找什么样的工作。

咨询师： 好的，你能先介绍一下你的基本情况以及目前你对这个问题的思考吗？

来询者： 好的。我是一个国贸专业的大四女生，刚刚结束实习，目前还没有找到工作，我试过去找，但是没有成功，而且我的成绩也不是很理想，如果想毕业的话，需要参加清考，我自己也想过如果实在不行，就考研究生，但是我不知道什么才是自己想走的路，我觉得很无助。

咨询师： 每个人面临新的挑战，而自己准备不足的时候，多少都会有无助的感觉，这是正常的现象，说明你很看重找工作这件事情。

来询者： 我确实很想找到一份好工作，身边同学都开始行动了，但是我的简历上却没有什么东西可以写。

咨询师： 简历上可以写的内容不多，带给你什么样的感觉？

来询者： 焦虑，很沮丧，觉得自己的大学学习没有价值。而且我也不知道自己想找什么样的工作，就像个无头苍蝇。

咨询师： 面临找工作做简历的时候，回首大学生活，发现大学里的经历不足，不知道应该往哪个方向使劲，确实是件让人焦虑的事情。我想知道，在你过往的人生经历中，出现过类似的方向不是很明确、内心焦虑和无助的情况吗？

来询者： （低头想）有的，大一的时候，那时候刚上大学，我们是大类招生。所以学的课程特别基础，班上的同学玩的玩，学习的学习，混社团的混社团，有一段时间，我不知道自己想往哪里发展，我们年级人又特别多，辅导员也顾不过来，所以，也是挺焦虑、无助的。

咨询师： 那你是怎样度过这个焦虑和无助的时期的呢？

来询者： 我啊，我面试了几个社团，最后只有一个心理协会招了我，我就在里面的学术部做干事了,虽然做的事情比较琐碎,但是慢慢地转移了我的注意力。

咨询师: 在没有辅导员介入的情况下,你没有让自己沉沦,而是采取一个行动,在工作中充实自己,慢慢转移注意力,帮助自己度过了焦虑和无助的时期,对吗?

来询者: 是的。

咨询师: 听上去,其实你是有方法的。只是这一次面临的情况可能更复杂一些,所以你已经通过我们的咨询对话开始行动了,对吗?

来询者: (笑了)是的。

咨询师: 我觉得你特别棒。那我们一起看看,在职业定位方面,你有哪些思考?目前为止,你投过哪些单位的简历呢?

来询者: 一般是与国贸相关的公司,比如银行、贸易公司这一类。但这些工作并不一定是我喜欢的,所以做简历的时候,我就感觉没有什么动力。

咨询师: 你不是很确定自己对什么东西是感兴趣的,对吗?

来询者: 是的。

咨询师: 之前预约咨询时做过个人的一些特质测评吗?比如职业兴趣、性格或者价值观这些。如果你不知道自己对什么东西是感兴趣的话,我们会建议做职业兴趣的测评。

来询者: 很抱歉老师,我看到通知上说要做测评,但是我没来得及做。

咨询师: 好的,或者我们在咨询现场先用最简单的方法做兴趣分类,回去如果你有时间,再做一个职业兴趣测评,以此验证。如果对测评结果有疑问的话,我们可以再约一个时间进行沟通。

来询者: 好的。

咨询师: 请问你在日常生活中,是喜欢和人打交道多,还是和事物打交道多呢?(在咨询文件夹中画出兴趣分类四象限,见图14)

来询者: 我喜欢和人打交道。

咨询师: 能否举出一些生活中的例子来说明这个问题呢?

来询者: 我喜欢和人交朋友,如果是特别投缘的朋友,我会很喜欢和他们待在一起。

咨询师: 如果是一般的未见面的朋友呢?

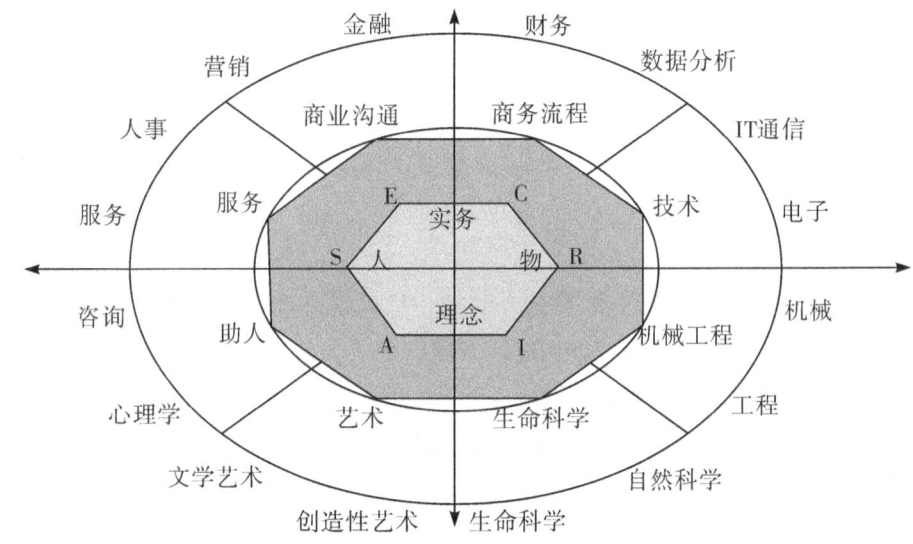

图 14 霍兰德代码与专业分类

来询者：我也不会拒绝和他们打交道，事实上，我觉得女生在和人打交道方面还是有一些优势的。

咨询师：日常生活中是喜欢具体动手、实操类的工作，还是喜欢动脑、思考类的工作呢？

来询者：我喜欢思考型的工作。宿舍同学看电视剧的时候，我喜欢看看书，而且我喜欢把看到的书和别人分享。

咨询师：你喜欢看哪方面的书呢？

来询者：文学作品，像三毛这样的。

咨询师：能否举出一些生活中的例子来说明这个问题呢？

来询者：比如说我喜欢问为什么，我曾经在大一、大二的时候参加过心理协会，担任学术部的干事。

咨询师：看来你喜欢和人接触，也喜欢有思考空间的工作，是吗？

来询者：是的。

咨询师：嗯，如果抛开你现在的专业，在你的视野范围内，你觉得有哪些职业符合你喜欢的这两个方面的工作呢？

来询者：不受专业限制是吧？

咨询师：是的。

来询者： 客服、翻译、业务跟单员。

咨询师： 很好，还有吗？（边说边在本子上记下学生讲的关键词）

来询者： 销售、老师。不过销售里最不想做保险的销售。

咨询师： 为什么呢？

来询者： 因为不喜欢保险公司的氛围，每天都要开会。

咨询师： 好的。当你找工作时，你最看重哪三个方面呢？

来询者： 首先是工资，如果在广州，不包吃住的话至少要有三四千块钱的工资；其次是培训的机会，比如入职后有一个师傅，因为我希望工作有一定的成长空间，当然也不希望太辛苦，有成长空间就好；最后一个是有社会名声，也就是公司名字听上去至少能知道是什么，最好是社会上的大企业，这样会比较有面子。

咨询师： 刚才你提到了找工作时重要的三点：工资，在广州工作的话是三四千块钱即可；有培训和成长的空间；最后一个是名声，你希望在社会上有名望的企业工作。对吗？

来询者： 是的。

咨询师： 我很好奇为何这些会是你看重的部分？你能说说你的想法吗？

来询者： 其实我的父母是希望我回潮州工作的，毕竟我父母和老家都在那里。他们觉得只要我离他们近就行，女孩子随便找一份工作就行，比如文员。可是我觉得，我在广州读了四年本科，都还没有见识过外面的职业世界，回家做文员有一种大材小用的不甘心。

咨询师： 嗯，明白。你是独生女吗？

来询者： 是的。

咨询师： 家庭有经济负担吗？

来询者： 也没有什么经济负担，就是普通的家庭。

咨询师： 对于父母的观点，你是如何看待的？

来询者： 我不喜欢他们安排我的生活，因为回家做文员就只有一两千块钱的工资，我觉得太少了，可是作为独生子女，又觉得没有什么理由反对。如果我可以找到一份留在广州的体面工作，也许我就可以和父母谈这个问题了。

咨询师： 听上去，其实你有自己的想法，但是也不想这么快反对父母的意见，是这样的吗？

来询者： 嗯，我觉得爸妈的选择也不错，只是我会不甘心，所以很纠结。

咨询师： 这种情况是第一次出现，还是以前就曾经有过？

来询者： 大学选专业的时候就这样。当时他们帮我选择了经济类专业，我不太知道这个专业是做什么的，但是我听从了他们的建议。现在我对这个专业越读越没有兴趣，有时候就会埋怨他们。

咨询师： 埋怨他们？为什么？

来询者： 因为他们给了我这样的建议，让我选择了一个自己不喜欢的专业。

咨询师： 当时填报志愿时，你是否自己做过一些调查和提前的了解？

来询者： 网上查了一些资料，说这个专业多么多么的好，就业率是多少之类的。反正当时看到的都是好的一面。

咨询师： 嗯，我想不仅仅你选的学校是这样，凡是大学的招生简章都会努力宣传自己的好，因为要招生嘛。

来询者： （微笑）对，就像艺术照。

咨询师： 是的，但我们在这里读书、生活，每天我们过得都像生活照，如果我们不去做更多的了解，而是凭着艺术照般的印象去生活，这样我们很容易会产生落差的，对吗？

来询者： 对的。

咨询师： 所以，选择志愿不是父母的事，我们每个人都需要做一些什么，为自己的选择负责。

来询者： 我知道，可是如果是父母选择的话，将来如果结果不好，我就可以有机会埋怨他们。

咨询师： 让父母做决定，如果这个决定让你以后不开心，你就可以埋怨他们吗？

来询者： 不是这样的吗？

咨询师： 其实，在我看来，没有人可以为我们负责，除了自己。听从了父母的专业选择建议，自己没做更多的调查和分析，最终大学四年自己过得不开心，学习得也很痛苦。其实结果都是自己在承受。

来询者： 嗯……

咨询师： 你希望将来找工作的时候继续听从父母的意见，不做自己的思考和调查，然后再次重复大学期间的感受吗？

来询者： 其实不想。

咨询师： 今天我看到了你的一些内心想法。掩盖自己而服从他们，虽然暂时缓解了矛盾，但会让自己过上不愉快的人生。把责任推给别人是很容易的，但是没有人可以替我们过自己的人生。有些人选择比较艰难的路，但是他会觉得值得，做起来也很有干劲，就像创业，因为这是他自己做的选择。你愿意为自己的成长和选择负全部的责任吗？而不是把责任推给外界和父母，多想想自己可以怎么做？

来询者： 我想我愿意尝试。

咨询师： 特别棒，有些时候我们不知道怎么说服我们的父母和家人，是因为我们对自己也不是特别的了解，对选择也不是很肯定，造成这样的原因是我们不了解自己，同时对外部信息不够清楚。

来询者： 我知道，只是如果是父母做的决定，我就不会有什么压力，这样如果有什么不好的地方，还可以让他们来承担责任。

咨询师： 嗯，理解。我们都希望自己不是责任承担方，你有没有想过，当我们指责别人的时候，一个手指指向别人，其余四个手指都是指向自己的。所以，当我们生气或者指责别人的时候，其实更多是因为自己当下解决问题的能力不足。

来询者： 嗯，貌似有道理。

咨询师： 所以，对你而言，因为选择不是自己真心喜欢的路而过得不开心和承担自己选择的责任之间，哪个更难接受？

来询者： 过得不开心，我就会去埋怨他们。

咨询师： 你希望这样的情况继续吗？

来询者： 其实……我也希望可以改变。

咨询师： 好的，也许我们可以一起尝试一下。我很好奇，既然专业不是你选的，也不是你喜欢的，是什么一直支撑着你努力到现在呢？

来询者： 我就是想看看自己能走多远，能力有多大。虽然结果也不如意，成绩也不太理想，但是，这是我很宝贵的四年，我不想把它毁了。

咨询师： 嗯，其实，你也想看自己能走到哪里，想挑战自己，对吗？

来询者： 是的。

咨询师： 这是你的初心，也许它会支撑你应对接下来找工作的各种困难，所以，请你记住它。好，回到刚才的话题，如果放下你目前的就业积累和能力，你看重的职业价值观是工资待遇、培训机会或成长空间以及名声，对吧？

来询者： 是的。

咨询师： 那目前你有哪些积累呢？

来询者：我在广交会做过实习生，主要是帮助客户查信息。

咨询师：这类的工作除了基础的查信息，还用到了你哪些方面的能力呢？

来询者：主要是英语能力要好。我以前读高中的时候英语就还行，所以这个实习做起来没有什么负担。

咨询师：嗯，英语能力好（写在记录本上），还有其他能力体现吗？

来询者：没有了，可能就是耐心和细心吧，其实这个工作不难。

咨询师：还有其他工作经历吗？

来询者：我曾经做过网络公司的兼职，主要是负责公司论坛的跟帖工作，其实也不是很难。

咨询师：所以这就是个兼职，这个兼职做了多长时间，体现了你哪些方面的能力呢？

来询者：其实工作还挺轻松的，工作时间不长。就是要专注，盯住论坛的内容及时跟帖，而且对公司的主要想法要把握明确，不要跑题就行。

咨询师：好的，专注和能够把握想法，对吗？

来询者：是的。

咨询师：刚才你提到的心理协会的学术部干事，锻炼或者提升了你哪方面的能力呢？

来询者：干事的工作都是很基础、琐碎的，我也只是做了一年的时间。因此，可能锻炼了我的耐心和细心，还有一定的文件起草的能力。哦，对了，还有人际交往能力，我和当时的几个干事感情还挺好的，现在也常联系。

咨询师：好的，还有其他经历或能力体现吗？

来询者：没有了。

咨询师：好的，我们一起看看，如果一个国贸专业的毕业生，在大学期间参加了心理协会学术部的干事工作，在广交会上做了实习生，并在网络公司负责论坛的跟帖工作，具备了较好的英语能力，并且细心、耐心，有一定的文件起草能力和人际交往能力，她能在广州找到一份有名气、有培训机会和工资三四千块钱的工作吗？你觉得可能性如何？是1~10分的话，会有几分？

来询者：我觉得可能不到5分。

咨询师：那你打算怎么办？

来询者：我也很苦恼，可是现在再积累好像来不及了。

咨询师：嗯，如果你想坚持自己的想法，并且有理由说服父母的话，无非两种方法，一是接受目前能力不足、无法找到合适工作的现实，先脚踏实地提升就业能力；二是降低你对工作的期待，在工资、成长空间和名气三个方面做些调整。你觉得哪个对于你更合适？

来询者： 我觉得两个都可以吧。

咨询师： 具体如何调整呢？

来询者： 呃，可能就只好先不找那么有名气的公司，只要是愿意招我的在广州的公司，刚好又是能让我和人接触、表达自己想法的工作，就先做着，锻炼自己。工资的话，估计在广州最低还是要三千块，以后有能力了，再慢慢提升。不过成长空间和培训还是要有的，我希望有人可以带着我提高能力。

咨询师： 很好，还有吗？关于能力提升或者期待调整。

来询者： 期待差不多就是上面所说的了。如果是能力提升的话，我想可能还得先把清考过了，把毕业证拿到手再说。另外，如果有实习机会的话，我还想争取一下，通过工作再提升自己，让简历的内容再丰富一些。

咨询师： 那是个很棒的想法。还有吗？

来询者： 也许还需要学扎实自己的专业课，毕竟还得靠这些知识去工作。

咨询师： 在你最开始谈到的几个工作：客服、翻译、业务跟单员、老师和销售，你会先从哪个领域入手呢？

来询者： 也许是客服和销售，除了保险（笑）。

咨询师： 好的，我倒是有个建议，不知道你是否愿意听听。

来询者： （点头）

咨询师： 我们提升能力不一定要在岗位上，其实在平时的生活中也可以，只要我们愿意刻意练习。比如，在和别人沟通的时候，我们可以刻意练习自己的专注能力和人际交往能力；在学习时，我们可以锻炼自己的时间管理能力和自我管理能力；在学习不喜欢的清考科目时，我们可以刻意锻炼自己如何和不喜欢的事物相处的能力……你明白我的意思吗？能力是刻意练习出来的，不是在某个岗位上才能锻炼的。当然，如果能有具体的岗位，可能锻炼得会更集中以及有内容可以写在简历上。但是如果目前我们还没有合适的机会的话，平时的刻意练习对能力提升也有重要的作用，你觉得呢？

来询者： 这是个新的观点哦。

咨询师： 好的，还有一个问题，我想请你思考一下。如果选择自己内心倾向的工作和道路，父母那边，你打算怎么处理？

来询者：嗯，我估计会先和他们商量一下，给我一段可以在广州打拼的时间，看看是否可以争取到一年以上，这样我就有机会做自己想做的事情。

咨询师：先商量一个双方都认可的时间段，然后全力以赴，对吗？

来询者：是的。

咨询师：然后呢？

来询者：我会抓紧时间完成清考，争取一次成功，这样我就可以开始找工作了。我会把我的简历重新整理一次，虽然我的成绩不是很理想，但是我可以从基层做起，慢慢积累自己的经历和能力。

咨询师：很好。看来你已经有想法，并且已经开始准备了。

来询者：是的。

咨询师：如果给刚才你进来时的那个状态打个分，你觉得那个看上去有点担心未来的你在焦虑值上有几分？

来询者：大概有7分。

咨询师：现在呢？

来询者：我觉得不到3分。

咨询师：特别棒，那你打算第一步先做什么呢？

来询者：嗯，我会在这周先订一个清考科目的复习计划。

咨询师：这是一个很好的开始，我怎样可以知道你做到了呢？

来询者：老师，我发到你的邮箱吧。

咨询师：好的，如果在这个准备的过程中，你有哪些需要支持的地方，比如将来的简历修改，你可以向我们预约另一个辅导时间。

来询者：好的，谢谢老师。

 咨询师手记

以上咨询案例聚焦于调整学生的不合理生涯信念以及求职地点的决策。通过分析，可知在求职地点的选择上，来询学生父母的期望和自身的期望有矛盾。纵观咨询过程，这一矛盾是由来询学生的两个不合理生涯信念造成的：其一是希望他人可为自己做决定，以便在结果不如意时推卸责任；其二是希望找到理想工作，但自身能力不足。因此，钱同学缺乏求职动力。因而咨询的大量时间用于价值观澄清及调整，通过问话引导学生看到自身生涯信念上存在的不合理现状，及时做出调整。当信念发生改变时，学生的情绪亦随之改变，并能逐渐发现自身的资源及行动目标。走出第一步是非常重要的，在调整好生涯信念后，落实到行动策略上会更有动力。

案例 22：我的想法和他人的想法

咨询师：陈璐

来询者概况：刘同学，研二，因成绩优良被保送至华南师范大学。在读研前曾参加本地教师招聘，能较轻易地进入二轮甚至三轮面试，但她本人觉得教师工作无趣，只是因为家人的建议而尝试。

主要咨询问题：求职定位

刘同学的职业价值观是倾向于选择稳定、舒适、对女性宽容的职业环境以及自己喜欢的工作。以下是咨询过程节选。

咨询师：你刚才提到希望职业环境能对女性宽容，请问你对这个职业价值观的界定是什么？

来询者：就是不会那么在意我是否结婚以及有孩子。

咨询师：为什么你会对这个方面比较在乎呢？

来询者：我知道自己的身体情况，因为先天原因，医生告诉我我没有怀孕的可能性，这个我父母都是知道的。

咨询师：谢谢你对我的信任。你觉得他人的观点和看法对你来说意味着什么？

来询者：我想找个宽容一点的环境，这样他们不会老盯着我或者追问我。我可能会结婚，但是另一半要能接受我不能生育的事实。

咨询师：你觉得在你的目测范围内，有没有这样的职业环境？

来询者：好难，毕竟这是在中国。

咨询师：我有一个朋友，她和她先生是丁克族。他们不是不能生而是不想生，家人劝了很多次，也总会有人好奇地问他们，不过他们每次都是很淡然地说不想生，没有为什么。你怎么看待他们的处理方式？

来询者：我喜欢他们这个状态，但我不知道自己是否能做到。

咨询师：每个人都可能生活在他人的嘴里，如果我们一直在意，那就会被身边的人左右，我们就得一遍又一遍地向他们解释。这样可能会很累。

来询者：是的。

咨询师：像你刚才所说的，完全宽容的职业环境几乎没有，也就是我们可能随时都会面对身边的好奇者。你觉得以你对自己的了解以及你掌握的资源，你会如何处理？

来询者：嗯，我会一笑置之。因为生活是我的，日子每一天都是自己在过。

咨询师：这是一个很好的尝试。所以，宽容的职业环境对于你而言，重要程度如果是0～10分的话，你觉得有几分？

来询者：4分吧，有的话最好，没有也行。自己内心强大就好了。

咨询师：很棒，那你打算做些什么帮助自己更好地进行职业定位呢？

来询者：我会先在生活上对自己好一些，平时我喜欢做布偶，插花什么的（霍兰德兴趣测试为对动手事务较为感兴趣的人群），我喜欢多做这些事情，让自己更开心一些。

咨询师：其次呢？你会如何探索你的职业兴趣和提升就业能力？

来询者：我会增多对教师工作的体验，看看自己是否真的喜欢这个工作。

咨询师：目前你有哪些方面的教学体验或能力呢？

来询者：我在上学期做过一个培训机构的写作夏令营家教，负责4个孩子的写作辅导。以前的老师都是直接讲作文，而我做了一些调整，用两周时间通过绘本进行教学，家长反馈不错。有一个孩子在行为上还有比较好的转变，但是自己感觉其实也没有用特别多的准备，好像做这个事情本身不需要耗费我很多的精力。

咨询师：看上去像是有教学方面的天赋。

来询者：可能是这样吧，他们都觉得我这种创新很厉害，其实我自己觉得还好。

咨询师：还有吗？教学方面的体验或者关于老师的能力检验？

来询者：读研究生期间，我还做过一些学术报告。但是我发现自己对这个没有特别的爱好，读研究生后留高校的可能性不大。如果去高职类学校，拿课题之类的可能会比较难。

咨询师：目前看起来对教师方面的教学体验或职业体验并不多。

来询者：是的。

咨询师：如果我们不清楚自己是否喜欢这一类工作或是否具备这种能力以及是否愿意通过学习提升，就有可能在求职的过程中碰钉子。

来询者：嗯。

咨询师：你能否对你刚才提到的三个职业选择的价值观分别给个分值，环境因素的重要性如果用0～10分评估的话，是多少？

来询者：我觉得有3分。

咨询师：3分，比刚才降低了一些，对吗？现在你如何理解职业环境的重要性？

来询者：我觉得就是让我有空间做自己的事情，不要有那么多八卦、不干事的人在里面就行。

咨询师：如果还有人问起你的恋爱、婚姻和是否生孩子的问题呢？

来询者：由他们说吧，我不想对每个人都解释一遍，活好自己才是最重要的。

咨询师：收到，那舒适呢？

来询者：大概4分吧。老师，我还想补充一个价值观，即自己喜欢的工作。

咨询师：好的，自己喜欢的工作，这个大概是几分？

来询者：我觉得要5分。自己喜欢的东西再苦也能支撑下去。

咨询师：很好，看来你非常清晰。最后一个舒适的环境呢？

来询者：这个2分就好。这个要看具体的单位环境。

咨询师：所以，我们给这四个看重的职业价值观排了一个序，这个世界上很难有一份工作能同时满足你所有的职业价值观。因此，建议你能记得这些职业价值观之间的排序，尽可能在职业选择的时候满足最核心的职业价值观。当然，我们的价值观随着经历和环境的不同也会发生一些变化，请你用同样的方法，保持对自己的觉察。

来询者：好的。

咨询师：最后，我们来讨论如何进一步探索职业兴趣，并且有针对性地提升就业能力，希望可以通过探讨形成初步的行动计划。（此环节略）

咨询师手记

自我探索就像是找圆心的过程，只有圆心足够稳定、清晰，才能持续应对外界的变化，当来询者不再受非合理生涯信念影响时，他会有更多的力量看待自己的能力提升和发展问题。

案例 23：被导师影响的工作价值观

咨询师：蔡寒菁
来询者情况：小泳，女，研究生二年级
主要咨询问题：求职困惑

小泳是通过就业指导中心的宣传推送了解"一对一咨询"服务的，并于 3 月的一个周三下午预约了咨询。小泳给人的第一感觉是乐观开朗，咨询还没开始她就主动向咨询师问好。咨询师微笑地回应，简单介绍咨询规则之后，正式开始了咨询。

来询者：老师您好，我是体育专业的研究生，专项是武术，本科学的也是武术，但我的导师认为我不适合这个专业，而我自己也不知道自己适合什么。

咨询师：哦，那你认同导师的观点吗？

来询者：是的，我的导师非常厉害，大家都很尊敬他，他希望我能把专业做精，但又说我不适合，这让我很纠结，甚至烦躁。

咨询师：你有没有认真向他请教，为什么觉得你不适合这个专业？

来询者：没有，我很敬重他，但也很怕他。不过，每次上课的时候，确实是我做得最不好，大家都看得到。呃，老师您也看到了，像我这种身高，确实不是很适合做专业的武术教练，是吧？

咨询师：哦，你认为身高不够高就没有办法将武术练好，是吗？

来询者：不是，但确实是劣势，最起码在同学之间没有优势。

咨询师：好的，那这个问题有没有在你本科期间出现过，困扰过你？

来询者：没有啊老师，我本科时很自信的，就是来了这里以后，唉……

咨询师：没事的，小泳，你现在和我分享下本科的时候自己是个怎样的人吧。

来询者：我本科的时候很喜欢跟人交流，希望在与人交流的过程中能获得成长，而且不喜欢一板一眼的东西，其实，我现在也是这样的。

咨询师：很好。那你知道有哪些工作岗位能满足你上面说的几点吗？

来询者：做老师可以啊，还有高校辅导员我觉得也不错。

咨询师：嗯，那当体育老师可以吗？

来访者： 可以的，可是我觉得我做不了，因为竞争不过其他同学。

咨询师： 为什么，是因为身高问题吗？

来访者： 是啊，因为这个我会失去很多机会。

咨询师： 那是不是所有体育老师的岗位都有身高要求呢？

来访者： 我不清楚，不过感觉应该不是。

咨询师： 也就是说，有些体育老师的工作岗位是没有身高要求的，对武术专业也没有严格的限定，是吗？你愿意去尝试吗？

来访者： 是的，我愿意。

咨询师： 很棒！那么，往年具体有哪些工作岗位满足我们刚才的讨论呢？你可以怎么去做？

来访者： 我不清楚，回去会查网站，找师兄师姐多交流学习来进一步了解。但是，我还是觉得我能找到的工作肯定不怎么好。

咨询师： 计划很不错。那假如有份工作满足你刚才提到的三个特点（与人打交道、交流"正能量"、工作内容不单调重复），但不是在珠三角的重点学校，是个待遇还不错的乡镇学校，你会接受吗？

来访者： 能去更好的单位肯定更满意啦，但也不是非去不可，只要开心，能满足我的经济需求，当然也不要离男朋友太远，那我还是愿意接受的。

咨询师： OK，那我这种假设会不会更容易实现，并且你愿意去为之做好准备？

来访者： （点头）嗯，是的，退一步海阔天空。

咨询师： 不错。那辅导员岗位呢，它具体的工作内容是什么？

来访者： 我也不知道，只是单纯觉得它经常和学生打交道，工作也不会很难，比较有趣。

咨询师： 那你可以怎么做？

来访者： 回去后也先多做深入了解，再做考量。谢谢老师。

咨询师： 很好。在接下来准备的过程中，如果还有困惑的话，欢迎你继续来咨询，谢谢！

咨询师手记

案例中的小泳非常看重他人对自身的评价，求职自信心不足，但对自己的认识深刻，性格乐观开朗，希望改变现状。很多研究生求职目标的建立受导师影响较重，而职业目标是否适合自己是影响职业规划实施成效的关键因素。"学高为师，身正为范"，研究生导师的职责不应只有对学生专业素养的培养，更要有思想政治教育的春风化雨，这样才能促使学生不仅具有过硬的职业素养，而且拥有健全的人格。

案例 24：错位的职业目标

咨询师：陈璐
来询者情况：小方，女，研究生三年级，水生生物学专业
主要咨询问题：求职技巧

小方在一次研究生的求职技巧讲座上认识了我，并在 11 月通过就业指导中心预约咨询。

见到小方时，我第一感觉是她是个开朗的姑娘，在一番咨询规则介绍和简单自我介绍后，我们直奔主题。

"老师，我今天其实就是想咨询一下找工作的事情。我找了几次工作，但是都没有成功。"小方开始介绍自己的情况。

"请你说说，你具体面试了哪些工作？"我尝试获取更多的信息。

"我去面试了立白集团，还有地产公司和百货公司。"小方开始介绍道。

"听上去这些面试的单位和你的专业没有什么大的关系？"我问道。

"确实是的，我本科是师范专业，在武汉那边。原本觉得做老师也挺好的，但是我觉得自己现在还年轻，可以出来闯一闯。"

"你是如何考虑找工作这个事情的呢？"我继续问道。

"我觉得最理想的工作就是在高校或者研究所的实验室里做工作人员。但是高校这些单位没有那么快招聘，所以就先找了几个感兴趣的单位试试看，反正以后想创业，我想先学一些。"小方的思路很活跃，讲起来滔滔不绝。

"哦，我刚听到两个信息点。第一，你最理想的工作就是去高校或者研究所的实验室里做工作人员，是吗？"我开始做信息梳理。

"是的。"

"你为什么想做这个工作？"我问道。

"因为工作比较稳定，而且实验室里的器材自己这几年也比较熟悉，如果在那里工作觉得压力不会很大。"小方说道。

"如果用 0 到 10 分评个分的话，你觉得这个工作能给你的生活满意度带来多少分？"

"8 分吧。前期我觉得还可以更富有挑战性些。"

"那据你了解，要成为实验室的工作人员需要具备哪些条件？"我尝试引导小方往职业能力方向考虑，同时，检验小方是否具备此类职业的能力及澄清她的生涯信念。

"据我与实验室老师的相处和交流，一般要有研究生以上学历，而且要发表论文，比较细心，和学生相处得比较好，还要有管理能力。"小方回答。

"嗯，对比这些要求，你觉得自己有哪些符合和需要准备的地方？"我问道。

"除了和学生相处得比较好，有研究生学历，其他都不符合。"小方有点迟疑。

"所以听上去，实验室工作人员虽然很不错，但目前为止你并没有具备相应的职业能力，是吗？"我引导小方进一步思考。

"是的。"

"缺少的能力在毕业前能否补上？"我问道。

"很难，研究生期间是跟着导师做了些研究，但是没有整理发表出来，这是遗憾啊……研三了，毕业论文也还没弄完。"小方边思考边回复，自己仿佛也明白了什么。

"嗯，求职成功的条件是人职匹配，就是应聘者需要具备职业要求的能力。我们接下来可以往这个方向去思考。职业目标确定后接下来才是技巧的问题。刚才你还谈到自己想创业，所以面试了几个公司，希望能向他们多学点，是这样吗？"我继续问道。

"是的。"

"关于创业，你的思考有哪些？"我好奇地问。

"我和我表姐想在老家开一所培训类的学校。我觉得那边的孩子需要这个。"

我点点头，继续问道："那你为自己的创业做了哪些准备呢？有没有参加过相关的课程、比赛或者认识相关的人？"

"还没有，只是一个想法而已，我希望工作后先学一到两年，所以去应聘了这些公司。"

"嗯。你选择这些公司是凭兴趣还是你在自身能力上做过分析？你是学生物科技的，但是你面试的公司与这个关系并不大。"我很直接地问道。

"确实是这样的。当时也是感兴趣，但是屡屡碰壁，最多也是进第二轮面试而已。"小方回答道。

"其实，是不是非得在公司才能学到创业的知识和技巧？"我引导小方思索其他道路。"比如说，在你擅长的教师领域用业余的时间去实现创业的学习。哪怕自己会辛苦一些。"

"对哦，我怎么没有想到呢？其实可以曲线救国，而且成本也不会很高。"小方一点就通，高兴了起来。

"嗯，这不失为一个办法，如果论此思路，你觉得你可以做哪些方面的准备呢？"我继续问道。

"比如暑假的时候去个培训机构兼职，观察他们的运营方式，同时赚到创业的钱。或者周末的时候去一些单位做个短工，锻炼自己沟通和表达的能力。"

"很好，还能想到其他吗？"

"做老师可以接触到学生和家长，他们都是我未来的客户，我可以和他们进行沟通，了解他们的想法和实际需求。"小方补充道。

"还有吗？"

"暂时想不到了。"小方有点犯难。

"我有个小建议，在毕业前可以留意我们学校创业学院组织的活动，提升这方面的知识储备，说不定还能遇到志同道合的人。"

"对，对。谢谢老师！"小方高兴地说。

"好的，那关于求职的问题还有其他方面的疑问吗？"我开始做总结收尾的工作。

"没有了，我以前做过实习老师，当时学校的反馈还不错。找个老师的工作我并不是很担心。是我之前太和自己死磕了，找了不擅长的单位应聘，结果碰壁了。"小方总结道。

"好的，现在已经陆续有教育局来学校招聘了，在完成毕业论文的同时也应多加留意。只要是有心人，有很多时间都可以利用起来做准备，比如排队等候的时间可以看看书之类的。"

"哈哈，确实是这样的。谢谢老师。"小方愉快地说道。

"如果在求职的过程中还有什么疑问，我们还可以再次进行咨询。"

至此，咨询结束。

咨询师手记

研究生生活需要好好地规划，理想的大学生活状态是能尽早明确自己感兴趣的职业，在大学期间积累职业需要的能力，同时，通过实践检验自己是否喜欢或者适合这个职业。而不是在求职时迷茫自己的未来，不知何去何从。在此也想借用一位研究生的毕业感言送给大家："专业莫丢弃，实验需加紧，论文是前提，毕业是首要，身体是根本。"

案例 25：我在大学该往哪个方向提升？

咨询师：陈璐
来询者概况：蔡同学，女，工商管理专业大二学生
主要咨询问题：生涯规划和职业选择

一、建立关系

咨询师： 你好，蔡同学，感谢你对我们工作的信任，希望今天通过我们的对话，能帮助你梳理当下，更好地看到未来方向。

来询者： 好的，谢谢老师。

咨询师： 在我们咨询开始之前，我需要重申两点原则：其一，咨询是我们双方的责任。咨询师对自己的咨询技术和咨询过程负责，而你需要对自己的选择负责，因此，咨询的过程中，我不会也不能直接给你答案，我们会通过一些问题一起思考和努力；其二，我们的对话是保密的。这两个原则你能理解和做到吗？

来询者： 可以的。

二、辅导过程

咨询师： 好的，我看到你的预约表上选的是"生涯规划和职业选择"这个主题，我们的咨询有一个小时，你最想谈的是哪一个？生涯规划还是未来职业选择？

来询者： 我想先选职业选择。

咨询师： 好的，能说说你目前对这个问题的思考吗？

来询者： 我是一名大二学生，大学填志愿时听父母的意见报了师范学校，但自己不想做老师，因此选了工商管理专业。

咨询师： 这个专业对应的就业方向有哪些？

来询者： 我们大类招生有两个方向，一个是经济，一个是工商管理。工商管理的就业方向是公司的会计、人力资源、电子商务、信息管理和财务管理。一般都是在金融企业里上班。

咨询师： 这些方向里有你感兴趣的吗？

来询者：我自己其实不想去企业上班，因为我喜欢和人接触，办公室的工作感觉太枯燥了，我不想总是待在办公室里。

咨询师：明白，如果我们放下当前这个职业定位的问题，把时间往未来推一推，来想象一下十年后，你已经进入工作岗位七年多了，那个时候，你理想中的状态是怎样的呢？

来询者：（抬头思考）我希望那个时候自己会认识不少新的朋友，有自己的空间。

咨询师：还有吗？

来询者：生活中等即可，最好有自己的孩子，我喜欢小孩。

咨询师：那个工作的环境你能想象到吗？

来询者：嗯，我依然在办公室里工作，工作的环境很温馨，我带着自己的团队，但是不需要常常在办公室里坐班，有一定的个人空间。

咨询师：哦，那能理解为已经做到一定的管理级别了，是吗？

来询者：是的。

咨询师：这样的目标确实非常美好啊。你看，有工作，有团队，还有家人和自己的空间。

来询者：是的。（微笑）对了，我希望在40岁左右开一家自己的私人餐厅。

咨询师：你想开餐厅？

来询者：对的，我喜欢做饭菜，也对创业有兴趣，不想一辈子打工。

咨询师：好的，如果以后要创业，首先还是要积累创业的资本，对吗？这个资本是打算通过工作实现吗？

来询者：是的。

咨询师：好的，我们先聚焦在你的工作上。十年后，如果要达到这样的理想状态，对你的能力也会有一些要求吧？

来询者：确实是的，有付出才有收获嘛。

咨询师：那你认为需要你具备怎样的能力呢？能把它列举出来吗？

来询者：嗯，首先得有沟通能力。

咨询师：好，沟通。（写下学生提出的能力）还有吗？

来询者：策划能力、觉察能力、协调能力，还有亲和力。

咨询师：很好，还有其他补充吗？

来询者：没有了。

咨询师：好的，现在我们试着想想这些能力的理想状态分数值。如果给这些能力在理想状态下从 0～10 分，打一个分，你觉得分别应该是多少分？

来询者：沟通是 8.5 分，策划是 8.5 分，觉察的话，我想想，应该是 9 分，我觉得马云的觉察能力就很好，他能看到发展的趋势。

咨询师：嗯，很好，还有吗？

来询者：协调能力要有 8.5 分，亲和力要有 8 分。就这么多了。

咨询师：好的，如果我们依然以这五个能力为讨论目标，请你对自己现有能力值打个分，你觉得分别有几分呢？

来询者：我想想啊。如果是沟通的话，现在我只有 5 分，策划的话有 7 分，因为我在社团里工作的时候，写方案比较多。觉察能力的话就比较低一些了，估计只有 4 分。我平时好像也没有怎么练习过这个能力。协调能力的话，有 7 分。亲和力则有 6.5 分，女生嘛，我的性格也比较喜欢交朋友，而且和小孩接触的时候感觉也很好。

咨询师：好的，我将你刚才评的分数梳理在一个表上，你看看是这样的，对吗？

来询者：是的。没有要修改的地方。

咨询师：好的，我们一起想想啊，每一个能力的分数距离理想状态都有些差距。根据你对自己的了解和你拥有的资源，你觉得自己可以在哪些方面做努力呢？能尝试针对每个能力的提升找到努力方向吗？

来询者：我想如果是沟通能力的话，我会用自己现在的社团资源，更多地参与社团的活动，主动去承担一些需要和其他人沟通的工作。

咨询师：嗯，还能想到其他吗？

来询者：我是班里的班委，可以多和同学沟通，了解他们的需求，这样也可以更好地为他们服务。

咨询师：如果以一个学期为限，你觉得沟通了多少同学，沟通能力就能被刻意练习了呢？

来询者：我想至少有 20 个吧。

咨询师：很好，你打算如何做到？

来询者：比如说每周至少沟通一个，或者在吃饭、上课的时候，和不同的同学坐在一起，也可以创造出沟通的机会。

咨询师：这个想法非常好啊。是的，只要努力，总是有方法的。还能想到其他吗？

来询者：嗯，或者不要局限在学校里，和外界的人多接触，认识一些能力强的人，整合一下托管所里的家长资源。

咨询师： 托管所？

来询者： 是的，我在里面兼职做托管老师，我喜欢和小孩打交道嘛。

咨询师： 好的，明白。还有补充吗？

来询者： 没有了。

咨询师： 那我们看看策划能力，和理想中的策划能力有 1.5 分的差距，你打算怎么去提升？

来询者： 我想首先可以看看这方面的书，学习一些策划知识。然后是问社团里的师兄师姐，看他们对我写的策划案有没有改善的建议。

咨询师： 好的，还有其他吗？

来询者： 嗯，也许还可以争取去策划类公司，但这个有点难，只能是争取。

咨询师： 好的，那觉察能力呢？从 4 分提升到 9 分。

来询者： 这个想不到，好像也没有专门讲这个的书。

咨询师： 是这样的，你身边有没有你认为觉察能力比较好的人可以做你的榜样呢？

来询者： 也没有。

咨询师： 刚才你讲觉察能力时提到了马云。你觉得他是如何做到觉察能力好的？

来询者： 马云在一个企业中做着很重要的领导位置，在思考问题的时候，目光会放长远一点，而且也会给自己放权，这样可以抽出一些时间来思考。

咨询师： 哦，是基于现有的信息，又跳离当下这个情况，看到未来方向，从这个方向来思考，是这样的吗？

来询者： 是的。

咨询师： 那我们刚才思考十年后的生活，也是觉察能力的一种体现。

来询者：（笑）对的对的。

咨询师： 所以，你如何理解觉察能力呢？

来询者： 经过你这么一说，我觉得思路就清晰多了，首先是要有更广的视野，看得多，信息足够才能思考得更全面。还有就是，不要被现在的状况困住了，要想想未来，再思考现在，也许就能做出比较好的决定。

咨询师： 很好，还有吗？

来询者： 没有了。

咨询师： 也就是觉察能力其实是一种思维习惯，对吗？可以在日常生活中刻意练习。

来询者： 是这样的。

咨询师： 好的，我们看看协调能力，从 7 分到 8.5 分，你觉得可以如何去提升呢？

来询者： 在社团里就能提升，以前觉得有些工作很繁琐，不过现在想想应该可以锻炼自己的协调能力。

咨询师： 怎么锻炼到协调能力呢？

来询者： 比如说工作和学习时间的协调以及社团里其他同学不同需求之间的协调。

咨询师： 如果同样以一个学期为限，我如何可以知道你的协调能力达到你满意的水平了呢？

来询者： 我想我会总结一下协调的经验，如果学期末总结的时候，有两个以上身边的同学说我的协调能力好，我就会很开心了。

咨询师： 很好。最后一个亲和力，从 6.5 分到 8 分，可以做些什么？

来询者： 在兼职工作中不仅和孩子相处，也要想办法和家长接触，毕竟与小孩和大人的相处方式是不同的。

咨询师： 好的。还有吗？

来询者： 嗯，提醒自己多些微笑，有些时候我思考问题时就会显得比较严肃。

咨询师： 很好，你留意到了细节。接下来我们一起看看，你有哪些人、事、物方面的资源可以帮助和支持你完成这些能力提升呢？

来询者： 首先是我的社团，以前有工作会想着让别人做，现在想明白了，觉得是很好的锻炼自己的机会，所以会更主动些。

咨询师： （记录）好的，这是事方面的资源，还有吗？

来询者： 我的师兄师姐。他们会有一些就业的信息以及经验可以供我参考。

咨询师： 嗯，关于人脉资源还有其他方面吗？

来询者： 还有家长，也许他们可以帮我链接到一些资源。

咨询师： 物这个方面的资源呢？

来询者： 图书馆里这方面的书都可以借来看。

咨询师： 好的。刚才你提到自己不喜欢这个专业的几个对口就业方向，主要原因是这几个方向都是固定在办公室里工作，和你的想法和个性不符合。对吗？

来询者：是的。

咨询师：你觉得这样的职业印象是否充分？也就是说，是不是所有的职业都是这样？

来询者：至少我看到的银行里的工作就是这样。但是其他是否都一样，我不是很清楚。

咨询师：听起来，你对这个职业信息还不是很了解，对吗？

来询者：是的。

咨询师：会不会有专业对口的工作，其实也有自己的空间和挑战的呢？

来询者：应该会有吧。

咨询师：看来你也不是很确定，你愿意去调研一下吗？

来询者：嗯，愿意的。

咨询师：你会用什么样的方法调研呢？

来询者：啊，我会去找刚刚实习回来的师兄师姐，听听他们的感受。

咨询师：还有吗？

来询者：又或者我问问家里人有没有在这些领域工作的人，我问问他们。

咨询师：也就是做职业访谈和调研对吗？

来询者：是的。

咨询师：学校每年都会有岗位分析大赛，我们学校的就业指导中心都有作品存档。也许会有一些作品调研的就是你所感兴趣的一些职业，你是否愿意去了解一下？

来询者：真的吗？这个好，我去找找。

咨询师：如果在你做这些事情的时候有一些因素会阻碍你的提升，你觉得会是什么呢？我们能否把可能存在的风险找出来？

来询者：风险啊？

咨询师：是的，阻碍你的因素，能否想出三个？

来询者：如果有的话，就是精力不够，因为同时要往几个方向努力。

咨询师：还有吗？

来询者：还有不能静下心来看书学习，容易被其他事情干扰。

咨询师：好的。这是第二个可能存在的风险，还有吗？

来询者：最后一个是如果最后确认这些对口的就业方向确实不是自己感兴趣的，不知道怎么办。

咨询师：好的，针对这三个风险，你会有什么办法去处理或者预防呢？比如说精力不足。

来询者：那就要更好地进行时间管理，提高自己的效率。

咨询师：怎么提高效率？

来询者：就是上课的时候不要看手机或者没事干的时候少发呆，做点有意义的事情。少看电视剧。

咨询师：好的，还有吗？

来询者：没有了。

咨询师：不能静下心来看书呢？有什么办法克服？

来询者：搜一下网上比较热门的这类书，找找解决办法，尽量去图书馆学习，待在宿舍会有其他的干扰因素。

咨询师：好的，最后一个，如果这些就业方向都不是你喜欢的怎么办？

来询者：我想如果我能把这些能力提升一些，找到一份工作其实不难。能力是敲门砖，不是专业。当然，如果专业能对口就更好了。

咨询师：是的。看来你很明白。刚才我们说了这么多努力的方向和资源，那么最近一个月，你第一步打算做什么？

来询者：第一步，我打算先把社团里的方案做完，这个过程中多请教师兄师姐，力求将这个事情做到让社团里的师兄师姐满意。然后我打算去看一本沟通方面的书。

咨询师：好的，你的计划非常清晰。我如何能知道你做到了呢？

来询者：我给你发邮件，告诉你进度吧。

咨询师：好的。

三、总结

咨询师：刚才我们针对你的职业选择问题进行了梳理，通过梳理未来想要的工作生活状态以及能力要求，针对这些能力要求，我们也找到一些提升能力的方向，我发现你的思路还是比较清晰的。当然，在最开始的时候，你还有些苦恼，现在谈完感觉如何？

来询者：我觉得思路更清晰了，以前想不明白，所以总是在纠结，没有行动力，现在有了努力的方向，也很想马上去实践。

咨询师：好，刚才分析的过程中，我们也发现你对专业对口的职业不是特别了解，这个还需要进一步去补充信息，是吗？

来询者：是的。

咨询师：好的，我们的咨询到这个阶段，你还有其他方面的疑问吗？

来询者：没有了。

咨询师：生涯规划还需要再澄清和梳理吗？

来询者：不用了，我已经找到提升能力的努力方向了。

咨询师：好的，那我们今天就谈到这里。谢谢你的信任和分享，希望我很快会收到你的邮件反馈。

来询者：谢谢老师。

 咨询师手记

由此案例可看出，生涯咨询与辅导员谈话的根本区别是，生涯咨询是由生涯咨询师提出有力的问题，引导学生思考并结合自我的认知，提出可行的方法。在本案例中，咨询的学生有职业定位不清的问题，其根源是对职业信息收集不足，造成在本专业中没有合适就业方向可选的假象。因此，咨询最开始界定了咨询师和来询学生各自的责任边界，调整了来询学生的期待，当了解到来询学生存在职业选择困惑的时候，从未来生活的愿景建构出发，通过生涯愿景建构调动学生的"感性脑"，并引导学生思考若想实现未来十年的愿景，需要具备哪些就业能力，通过度量式问题引导学生找到自己当下的能力差，并通过整合自身的资源，梳理出相对应的努力方向。具体围绕就业能力的讨论点如表4所示：

表4　来询者希望提升的能力及其努力方向

序号	能力项	理想分数	现有分数	努力方向
1	沟通能力	8.5	5	1. 运用自己现在的社团资源，更多参与社团的活动，主动承担一些需要和其他人沟通的工作。 2. 作为班委，多和同学沟通以了解同学需求，更好地为他们服务。 3. 以一个学期为限，通过每周至少沟通一个同学，或者在吃饭、上课的时候和不同的同学坐在一起，创造出沟通的机会，以实现与20个同学刻意练习沟通的目标。 4. 和外界的人多接触，认识一些能力强的人，或者整合托管所里的家长资源

(续上表)

序号	能力项	理想分数	现有分数	努力方向
2	策划能力	8.5	7	1. 看策划方面的书，学习一些策划方面的知识。然后问社团里的师兄师姐，看他们对自己写的策划案有没有改善的建议。 2. 虽然难，但仍会争取去策划类的公司
3	觉察能力	9	4	1. 把握觉察的原则，基于现有信息，又跳离当下这个情况，看到未来方向，从这个方向来思考。 2. 让自己有更广的视野，看得多，信息足够才能思考得更全面。不要被现在的状况困住了，要想想未来，再思考现在，也许就能做出比较好的决定
4	协调能力	8.5	7	1. 转变思维：以前觉得有些工作很繁琐，不过现在想想应该可以锻炼自己的协调能力。 2. 比如说工作和学习时间的协调以及社团里其他同学不同需求之间的协调。 3. 以一个学期为限，总结协调的经验，争取在期末总结的时候，有两个以上身边的同学说自己的协调能力好
5	亲和力	8	6.5	1. 在兼职工作中不仅和孩子相处，也要想办法和家长接触，毕竟与小孩和大人的相处方式是不同的。 2. 提醒自己多些微笑

可见，用生涯辅导理念，借以生涯咨询与辅导的方法，可通过有效的提问方式帮助学生调动自身的资源，发现自身的力量，提升自我效能感。同时，这种提问的引导方式相对于以往直接从师者角度给予学生解决方案的处理方式更能解决学生的行动力和执行力不足的问题。由于解决方案均是基于学生对自我的了解及资源的把握，并由学生自身提出，因此，亦增加了学生行动以及为自己的选择负全部责任的可能性。

案例 26：简历隐藏的秘密

咨询师：蔡寒菁
来询者情况：小易，女，本科生三年级
主要咨询问题：求职技巧及其他

小易是通过就业指导中心的宣传推送了解"一对一咨询"服务的，并于 5 月的一个周三预约了咨询时间。

咨询开始前，小易安静地坐在就业指导中心的角落，让人很容易忽视她的存在。刚好学生助理工作较忙，还没空给我们准备饮用水，我提出等咨询结束再喝，小易说了句"等他端水过来后再开始吧"，声音非常小，不仔细听根本不清楚。

咨询开始，我简单提了咨询的三原则，希望引导小易直奔主题。

来询者： 老师，我们学院要求学生要在暑假参加实习，所以我制作了简历，希望能找到实习单位，我自己觉得简历还是不错的，但爸妈看过后觉得不是很好，我也不知道如何修改。

咨询师： 好的，那你是否用这个简历面试过暑假实习？

来询者： 嗯，其实，我已经找到一份暑期实习工作了，只是我觉得不是很好。

咨询师： 也就是说，你用这份简历找到了工作，只是你认为这份工作不是很好？

来询者： 是的，我面试过其他单位，可是网申都不能通过，更不用说后面那些我更不擅长的无领导小组面试这些环节，后来我转换思维，觉得不要去找那些很厉害的大公司，找一些急聘的岗位可能容易些，结果就找到了。

咨询师： 你很聪明，所以你认为这份简历很难通过网申，那你清楚什么样的简历在网申中比较容易通过吗？或者说需要什么特点？

来询者： 我觉得一份容易通过网申的好简历应该拥有以下几点：首先简历完成度至少要有 80%；要有关键词，也就是能体现职业素质的要求；最好学习成绩要好，学生工作比较不错；当然，哪个学校出身也会有影响。

咨询师： 很好，这是你自己的观点，还是通过一些学习或者受到他人影响后总结出来的？

来询者： 主要是我的观点，也看了一些书。但是我觉得自己挺没有竞争力的。

咨询师： 那么，现在离毕业或者真正找工作还有一段时间，你认为自己可以做些什么来让自己的简历更漂亮、更有竞争力？

来询者： 我知道自己的弱点，虽然不知道以后到底要不要毕业后马上去工作，但还是会去考雅思，但我的英语一直不好，反正我也不知道要不要去考……（突然，小易开始有点语无伦次，哽咽）

咨询师： 那你找实习是为了完成学校的任务，也许毕业后会出国，所以重新再找一份更好的实习工作并不是很重要，对吗？

来询者： 不是，我不知道是否要出国，反正我不想离家太远。

咨询师： 不想离家太远的意思是短时间内不想出去，还是以后工作地点不想离家太远？

来询者： 短时间内可以出去，但以后工作了就不想离家里太远，而且我从小就英语不好，雅思应该也是考不过的。

咨询师： 是因为觉得考不过而不想去考试，还是你本来就不想考？这个考试除了对出国有帮助，是否对你找实习，或以后找工作有帮助？

来询者： 都会有帮助。但是，老师，我觉得我是考不过的，虽然也参加了培训。但我一直就没有竞争力，也不是那种会和大家打交道的人……（再次欲言又止）

咨询师： 假如能考过的话，其实你还是愿意去考的是吗，小易？

来询者： 是的。虽然我从小英语不好，但只要是我认定的事，还是经常能笑到最后的。

咨询师： 很棒。所以说，假如你去参加考试，考不过的话你会觉得很正常，但考过的话就收获了成绩，而且还可能收获了自信和成就感，认同不？

来询者： 嗯，也是。（想了一会儿，小易点点头）

咨询师： OK，英语水平的提高是提升求职能力的重要一环，那你认为目前自己还可以做哪些努力来让自己的简历更为完美？

来询者： 期末考试好好准备，争取考个好成绩。不要盲目投简历，要先研究清楚岗位需求以及企业文化，然后有针对性地修改简历。

咨询师： 很好，那我们的问题解决了吗？

来询者： 不，老师，其实我不用再去找实习了，目前这份是很不错的。只

是……（小易又开始哽咽）

咨询师：这样啊，你慢慢说，我听着……（我从包里拿出纸巾递给小易，她已经开始抽泣）

来询者：其实这份工作我很满意，但爸妈不听我的话插手帮忙了，最后只有我进了，但一起竞争的同学实际上都很强，这对他们不公平。

咨询师：哦，爸妈从中帮忙这个事情目前有多少人知道？

来询者：只有我和家人知道。

咨询师：也就是同学们并不知道？

来询者：是的。

咨询师：好，那他们有没有因此很难过，或者做出过激行为？这是他们第一次遇到面试失败吗？

来询者：没有，他们还恭喜我，而且以前也有过失败的经历。

咨询师：也就是说，也许他们认为你在这个岗位更有竞争力？

来询者：也许吧。

咨询师：那你感觉他们有没有因为这次的应聘失败而停下努力的脚步？

来询者：没有，他们更努力了。

咨询师：好的。那你想放弃这个实习岗位吗？

来询者：不想，我本来就喜欢这个岗位，只是不想爸妈帮忙。

咨询师：明白，你是想通过自己的努力获取这个岗位。那既然不想放弃，你能做些什么回馈同学们？

来询者：嗯，在自己的岗位好好干，也证明给家里人看。谢谢老师。

咨询师：很棒。那你的问题暂时解决了吗？

来询者：是的，谢谢老师。

咨询师：接下来假如遇到什么问题，也欢迎你继续咨询。谢谢你。

 咨询师手记

案例中的小易对自己的职业生涯是有初步规划的，也有自己的行动；问题归结于亲人对于自己生涯的干预引发了困扰。大学生在求职期间会遇到很多困难，通过有针对性的训练，求职技巧可以在短时间内有较大的提高，但这些困难背后隐藏的求职心理调适、人际交往等问题则不可能一蹴而就，需要长时间的跟踪培养甚至心理治疗，以及家庭、学校、学生自身多方合力的共同努力。

社团指导篇

案例27：我该如何带领一个社团？

咨询师：陈璐

来询学生概况：小玲，新任社团负责人，在工作能力、条理和资源调度上存在不足，希望咨询师能帮助其提升执行力。

主要咨询问题：社团带领能力提升

咨询师： 小玲，你的咨询预约表已经收到了，我想用1个小时左右的时间梳理一下目前你的工作状态以及未来社团努力的方向，可以吗？

来询者： 好的。

咨询师： 目前你担任社团的负责人已经有两个月的时间，能说说这段时间的社团工作及感受吗？

来询者： 假期正在忙职业生涯规划比赛的方案及招新的方案，目前遇到几个困难，一是商家支持的力度不足，二是找嘉宾有困难，主要表现在嘉宾的资料不全，三是部门间的沟通力度不够，工作量不平衡。

咨询师： 工作量不平衡？如何理解？

来询者： 就以招新工作为例，秘书处和宣策部就会很忙，但是其他部门相对清闲，甚至没有什么事情做。所以，工作量不平衡。

咨询师： 哦，好的，还有吗？

来询者： 还有就是活动的创新不足，虽然社团的品牌活动已经很固定，但我很希望在活动的创新上能有所突破。

咨询师： 能看到这两个月你很努力在做尝试，也有一些思考，真的很棒！通过两个月的实践，除了你刚才讲到的这些困难，你还有什么感觉吗？

来询者：感觉压力很大。

咨询师：是的，假期期间进行的都是远距离沟通，对于一个新架构的团队会有比较大的压力，我是非常理解的。小玲，如果我们把视线暂时从当下的这些工作跳离，我们设想一下，如果下一年的6月份，社团要进行换届，到时候会进行与新一届社团负责人的交接仪式，就像上学期，师兄把社团的旗帜交给你一样，你还记得那个场景吗？

来询者：嗯。

咨询师：如果明年的6月，社团总结大会上，你需要把自己带的这一届社团交接给下一届的负责人，那个环境和大家的状态是怎样的？你能想象到吗？

来询者：很和谐，不舍，也充满希望。

咨询师：还有吗？

来询者：大家听着音乐和社团一年来经历过的故事，吃着零食，一年来的经历历历在目，我可能会因为不舍得而流眼泪。

咨询师：看来你真的对这个社团投入了很真的感情。

来询者：（点头）

咨询师：那个时候，你希望交接出去的社团是一个怎样的状态呢？

来询者：部门更加融合，大家都觉得在这里能够锻炼和提升能力。自己有自豪感，有接班人。

咨询师：有接班人？

来询者：是的。我听师兄说以前有一届换届的时候，没有人去竞选，我这一届还好一点，至少有几个人竞选负责人，所以，我希望我换届的时候，会有人愿意为社团付出更多的努力和持续的投入。

咨询师：嗯，理解。那个时候，学校里的学生会怎么看待这个社团？

来询者：他们会说我们有丰富的组织文化，有共同的价值追求，是一个团结的社团。

咨询师：嗯，那学校里的老师呢？你希望在你的带领下，一年以后他们会怎么看待这个社团？

来询者：以前我曾经听过社团里的一个同事说这样的经历，他告诉老师，他在我们社团工作，老师的反应是，你怎么在一个这么边缘化的社团里工作？所以，我希望以后我们的社团能逐渐打开知名度，提高活动的质量，在老师心中不再被界定为边缘化的社团。

咨询师：想得到老师的认可，对吗？

来询者： 是的。

咨询师： 我在你刚才的描述中，反复听到几个词，一个是团结，一个是提升，一个是认可，是这样的吗？

来询者： 是的。我希望能和志同道合的人一起工作，这样比较有归属感和成就感。

咨询师： 看来这是你非常看重的部分。那我们一起来思考一下，如果要实现你希望的一年后的社团状态，需要你具备怎样的能力？

来询者： 首先需要有远见。

咨询师： 嗯（写下远见），还有吗？

来询者： 领导力。

咨询师： 好的，还有吗？

来询者： 感染力和责任心。

咨询师： 如果以理想状态下分别给这些能力的需求从 0～10 分打分，你会分别给出多少分？

来询者： 远见给 8 分吧，领导力也是 8 分，感染力 9 分会更合适，责任心要有 10 分，对于带社团，责任心很重要。

咨询师： 那你现在在这些能力上的情况如果也从 0～10 分打分，你会分别给出多少分？

来询者： 现在的话，我在远见和领导力上只有 6 分，在感染力上有 7 分，责任心上有 8 分。

表5　来询者能力提升事项列表

能力提升项	理想分	现状分
远见	8 分	6 分
领导力	8 分	6 分
感染力	9 分	7 分
责任心	10 分	8 分

咨询师： 看来每个能力的提升目标都是 2 分，对吗？

来询者： 是的。

咨询师： 那我们现在可以想想，如何提升这些能力的差距呢？

来询者： 提升远见，就是能观察活动，通过看别人的活动去思考自己带的社团未来可以怎么做，朝哪个方向发展。

咨询师：嗯，还有吗？

来询者：领导力和感染力的提升就是要多看点领导力方面的书，找理论的支撑，观察别人讲话的方式。以前我是带一个部门，现在要带一个协会，虽然不完全相同，但是有些方法是可以借鉴的。

咨询师：好的，还有吗？

来询者：没有了。我觉得领导力和感染力有一些是相通的。哦，对了，感染力就是要多点沟通，了解社团成员的需求，包括部长层面的，我现在工作中还是比较严肃的，可能会和他们有点距离，但是我觉得这个在社团初期还是很有必要的。

咨询师：好的，那责任心呢？

来询者：责任心就是要投入时间在社团里。我现在大三，可能会有一些考证或者其他方面的压力，不过我会努力克服。

咨询师：嗯，很好。如果要提升这些方面的能力，有哪些人、事或者物方面的资源可以帮助你呢？

来询者：人这个方面就是我的部长层、老师和以前的会长。

咨询师：还有吗？

来询者：没有了。

咨询师：好的，那其他资源呢？

来询者：有一个省创就业协会将举办峰会，那里也许会有一些资源。还有华南职协联盟，那里也能了解到其他高校职业指导社团的工作动态，可以建立链接。

咨询师：那你还需要哪些支持呢？如果这些支持我可以整合到，我也非常愿意支持你。

来询者：谢谢老师，我想首先是人力方面的支持，我们得先完成招新。其次是嘉宾资源，尤其是一些有质量的嘉宾资源，另外就是其他社团友情合作的资源。经费上的支持，这个需要老师帮忙，也需要我们公关部门的努力。还有就是学生群体的推广，这条路还没有被完全打通。

咨询师：嗯，收到。我想我可以在嘉宾资源、经费和推广上，整合出一些资源支持你。

来询者：谢谢老师。

咨询师：你有没有想过如果做这些事情的过程中，有其他事情影响了你，或者阻碍了你的进度，那会是什么呢？我们试着想出三个可能的风险好吗？这样我们可以更好地做好预防和准备。

来询者：风险，我想想。可能是部长不够积极。其次是合作伙伴不积极，以前合作伙伴都是大三的，他们分管的内容不多，很容易会觉得自己不重要，而慢慢忙自己的事情去了。还有一个学校的支持力度，我觉得这个非常的重要。

咨询师：收到。如果要应对这些风险，我们可以做一些怎样的准备呢？

来询者：要调整合伙人的工作内容，保持与部长、合伙人的沟通，了解他们的需求和想法，让他们更多地参与进来。

咨询师：好的，学校支持力度这个方面呢？你刚才说这个是非常重要的部分。

来询者：我想还是要主动和老师沟通，把方案做得更清晰一些，把方案修改到有吸引力，不能仓促启动，这样可以让学校也了解我们的需求。

咨询师：好的，看来你想到了很多解决的方法，非常好。我其实有一些好奇，我知道这个社团以前都是男同学做负责人，我读大学的时候也有过类似的经历，当时感觉要付出的东西非常多。你是一个女生，可能在这两个月带社团的过程中也遇到了一些问题，是什么原因让你有这样的勇气愿意接受这样的挑战呢？

来询者：我对社团有感情，希望有创新和挑战，而且刚好有信任的人愿意和我一起做伙伴，上一届的人也很支持。

咨询师：特别棒，我觉得你是一个愿意接受挑战和很有责任心的人。

来询者：谢谢老师。

咨询师：今天谈完回去，你打算先做什么事情呢？

来询者：我会和部长沟通招新的事情。

咨询师：好的，我相信你的能力，让我们一起努力。

来询者：谢谢老师。

咨询师手记

从工作现状入手—梳理情绪和共情—畅想未来—找到努力方向—度量式问题找到能力差—整理资源—想到例外情况及应对措施—常怀初心—走出第一步。

咨询是一个双向的过程，总结和提问时在输出信息。总结都是要求先了解对方的信息，才往下一步走。总结恰恰是阻断惯性流程化思路开展的问题，让咨询双方同频，促进对方思考。

案例 28：社团工作如何做好才能不负期待？

咨询师：陈璐

来询者概况：李同学，大三学生。目前在社团担任主要学生干部，但未能找到社团工作及自身能力提升的努力方向。

主要咨询问题：社团工作能力提升

咨询师： 你好，我是生涯咨询师陈璐。感谢你对我们咨询工作的信任，我看到你预约的咨询主题是就业能力提升，不知道你具体的困惑及希望提升的能力是什么呢？

来询者： 老师，是这样的，我是学校某社团副主席，只要负责管理两个部门，我自己对未来职业方向也没有确定，专业学习压力比较大，导致社团工作没有突破口，能力也没有什么提升，自己感觉挺难受的。

咨询师： 那在今天 50 分钟的咨询时间内，你希望与我沟通的主要话题是什么呢？确定未来职业方向，还是社团工作及能力提升方面？

来询者： 我希望先谈社团工作及能力提升。

咨询师： 好的，能谈谈你的具体困惑与现有的想法吗？

来询者： 我大一的时候就加入了这个社团，自己其实挺喜欢社团氛围的，所以一直坚持到大三，还进入了主席团。原来我在编辑部工作，自己也很喜欢，但是当时觉得还有更好的能力发挥空间。现在做副主席后，要主管信息部和编辑部两个部门，但我对信息部的工作不是很了解，最近的专业学习压力比较大，所以也不知道怎么入手好。

咨询师： 收到。

来询者： 挺遗憾的，觉得自己当初的承诺没有做到，对不起自己的初心。

咨询师： 还有吗？

来询者： 社团工作这块我想做一些弥补，调动干事的积极性，可是我自己的学习又比较繁忙，不知道从哪里突破比较合适？

咨询师： 刚才你提到初心，对于这个社团，你的初心是什么呢？

来询者： 我希望自己会有归属感和成就感，觉得自己的能力在社团得到了提升。

咨询师：那现在你对做好社团副主席的工作有什么期待吗？

来询者：我希望可以把以前在部门的遗憾，变成没有遗憾。也希望自己可以和干事相互认识，能在他们困惑的时候帮助他们，让他们和我一样，对社团有归属感和成就感。

咨询师：我们一起来想象一下，如果一年以后你的期待实现了，你身边的关键人物会如何评价你呢？比如说，社团的指导老师会怎么看？

来询者：老师会说这个学生干部是用心在做事情的。

咨询师：那社团主席呢？他会如何看待你？

来询者：我想他会说，虽然今年才增加了一个副主席名额，但是她值得留下来，而且她对两个部门的合并起到了好的作用。

咨询师：好的，那部长和干事呢？你希望他们会如何评价你？

来询者：我希望他们会说，师姐很好，很用心地在带我们。

咨询师：嗯，那你以前在社团里的好朋友呢？

来询者：我希望她们会说，我把她们走的时候没有完成的使命给完成了。

咨询师：了解。看来你不仅有自己的期待，也承担了她们的期待。那你现在做了哪些努力呢？

来询者：目前我只是和部长层接触过一次，但是因为性格差异，也没有聊到一块去，和副部长倒是比较熟悉。

咨询师：还有吗？

来询者：暂时没有其他了。从开学到现在有两个多月的时间了，我感觉自己悬浮在主席和老师两层之间，没有发挥什么作用。社团里有一个大一的师弟，非常认真，他向我表达过自己对社团的想法，他说自己把社团当家，特别希望社团能发展好。和他比起来，我感觉特别伤心惭愧。

咨询师：对自己有期待，但是目标没有达成的时候，感觉伤心惭愧是可以理解的。那为了达到刚才你说的初心，你觉得根据你对自己掌握的资源及了解，你能做一些什么努力呢？

来询者：我想先和干事做朋友，和他们谈谈未来的发展，现在社团中存在的问题以及社团可以改善的方向。

咨询师：很好，这是第一个。和社团的干事沟通，了解他们的想法，看在哪个方面可以支持他们成长，对吗？

来询者：是的。

咨询师：还有吗？

来询者： 我想自己要熟悉信息部的工作。以前不是很了解信息部，我需要去和部长沟通，参加他们的例会，了解信息部有哪些工作，遇到了哪些发展上的困惑，一起思考未来一年的发展方向。

咨询师： 嗯，做好部门的沟通和了解。还有吗？

来询者： 暂时能想到的就是这样了。

咨询师： 你觉得做好以上的这两点，需要具备什么能力吗？

来询者： 首先是沟通能力，其次是执行能力。

咨询师： 还有吗？

来询者： 应该没有了。

咨询师： 应该？

来询者： 其实能做到这两个，基本就差不多了。

咨询师： 好的，那我们现在来考虑一下这两个能力的提升方向。首先是沟通能力，如果让你对自己现有的沟通能力在 0 到 10 分之间打个分，你觉得自己现在有多少分呢？

来询者： 我觉得自己现在有 3 分。

咨询师： 如果我们以做到刚才你所提到的努力方向为标准，你觉得自己的沟通能力大概有多少分就比较合适了呢？

来询者： 8 分吧。

咨询师： 如果要使沟通能力从现在的 3 分，到目标的 8 分，根据你所掌握的资源及对自己的了解，你觉得自己能做点什么吗？

来询者： 我会先和指导老师、主席、秘书长沟通，看看她们认为社团和部门发展的大方向是什么。

咨询师： 然后呢？

来询者： 我想加干事的微信，加强和她们的沟通。

咨询师： 具体你想和她们沟通什么呢？有没有一些方向和主题？

来询者： 我想分年级。和 2016 级的干事可以聊聊他们的想法和心情，和干事培养一些感情。和 2015 级的干部可以聊聊她们对部门未来的期待、理念和想法。和 2014 级的干部谈部门的发展。

咨询师： 很好，沟通的目标明确后比较不容易跑题。

来询者： 是的。

咨询师： 关于沟通能力的提升，你还有其他想法吗？

来询者： 暂时没有了。

咨询师：收到,那我们看看执行能力。目前你觉得自己的执行能力在 0 到 10 分之间能有多少分呢?

来询者：我觉得自己有 4 分。

咨询师：要实现刚才你提到的为社团发展做出努力的目标,你希望自己的执行能力要到多少分?

来询者：我希望自己有 8 分。

咨询师：8 分,从 4 分到 8 分,中间有 4 分的差距,对吧?那你打算怎么做?

来询者：我的性格太软,别人让我帮个忙,我总是难以拒绝。我想自己的重心需要调整,学习再忙,也要每天抽出至少半个小时,沟通和落实社团里的事情。

咨询师：嗯,调整生活的重心。还有吗?

来询者：自己要克服懒惰的习惯。

咨询师：你觉得自己懒惰?为什么呢?

来询者：就是会拖延,觉得累了就不想做一些事情,拖着拖着就放弃了。

咨询师：那你打算怎么克服呢?

来询者：我会给自己登记每日的事情清单,看自己的进度如何。每天晚上都看一下。

咨询师：还有吗?

来询者：如果我做到了自己承诺的分层沟通的事情,我就给自己一些奖励。

咨询师：你打算给自己什么样的奖励呢?

来询者：比如看一场电影,逛个街什么的。(笑)

咨询师：看来这些奖励对于你而言是比较有吸引力的。

来询者：是的。

咨询师：刚才你提到自己学习比较忙,你觉得自己在实现目标的过程中,还可能会遇到什么风险呢?

来询者：我担心自己学习和杂事比较多。

咨询师：学习中有一些是常规的事情,有一些是突发的阶段性的事情。你觉得自己可以怎么规避这个风险呢?

来询者：我会提前了解一下三年级有哪些时段是比较忙的,学习是有阶段性的,所以我应该可以提前做一些准备。

咨询师：还有其他风险吗?

来询者： 我以前社团的好朋友们要离开社团了，对我有一些影响。

咨询师： 为什么？

来询者： 她们准备这个学期末离职，因为她们认为现在社团有一些解决不了的问题。如果她们离职，就没有人能和我聊工作，感觉自己会没有知己了。

咨询师： 如果真的是这样，那你会怎么办？

来询者： 珍惜和她们一起共处的时间，同时发展一些新的朋友。

咨询师： 收到。还有其他可能的风险吗？

来询者： 我怕自己不能了解每个干事，毕竟七十多个人，每个人的性格不一样，不一定都会对我敞开心扉。

咨询师： 七十多个干事确实挺多的。那你有什么打算吗？

来询者： 降低期待吧，毕竟人是不同的。

咨询师： 好的。关于风险，还有其他的补充吗？

来询者： 暂时没有了。

咨询师： 好的，如果今天晚上或者这个星期你就开始为这个目标努力的话，你第一步会做什么呢？

来询者： 我会先整理一个16级干事的名单，先从16级谈起。大概每个星期和两个干事沟通。

咨询师： 其实你的执行力还是很强的，要对自己有信心。我也很期待能收到你与干事沟通后的总结。

来询者： 会的。

咨询师： 刚才我们聊了这么多，如果用一句话来概括你的收获，你觉得是什么呢？

来询者： 一开始挺迷茫的，现在发现能做的事情还是很多的。

咨询师： 我也能在今天的对话中，感觉到你的初心和力量，给你加油。那今天我们的咨询就到这里结束，可以吗？

来询者： 可以的。谢谢老师。

咨询师手记

本咨询基本遵循 GREEN 模型（图15）来推动学生的行动，通过和学生探讨初心、使命，引导学生整合自身的资源及行动，让学生进一步看到自己身上的力量。

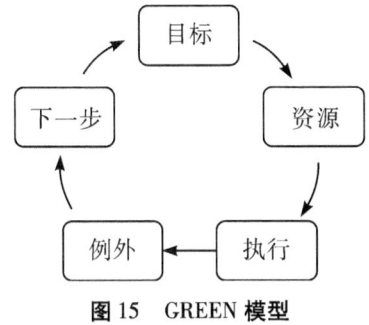

图 15　GREEN 模型

整个模型的使用，就分为以下五个步骤：

（1）目标（goal）

首先要明确你想做的是一件什么事或什么任务，做好它或完成它的目标是什么？在这个目标下，有哪些具体的衡量指标是可以检验的？这个任务要交付给谁，有特殊的要求吗？有时间节点吗？

（2）资源（resourse）

为了达成这个目标，你可能会需要哪些资源呢？

人：你的任务会有哪些人参与？需要这些人提供什么样的帮助？

财：为了完成这个目标，你需要一些钱的支持吗？你的预算是多少？

物：除了人和钱，还需要哪些物料上的支持吗？

信息：还需要去查询哪些信息？有什么是你自己不清楚的？

（3）执行（execution）

你对完成这个任务的具体计划是什么呢？这些具体计划之间有先后和重要程度的排序吗？在这些计划中哪些是重点，哪些是关键点呢？

（4）例外（exception）

任何计划，总会有风险的存在。在你的计划中，有可能遇到哪些意外呢？如果这些意外出现了，你准备用什么方法去应对？

（5）下一步（next-step）

你接下来可以开始的第一步是什么？你准备什么时间开始呢？

通过 GREEN 模型引导来询者一步一步思考，可以把来询者的目标具象化，同时盘点自身的资源，进一步形成计划，最终落实在行动上。

情感问题指导篇

 ## 案例 29：我是不是该安静地走开？

咨询师：段晓岚
来询者概况：小芳（化名），研究生二年级，英语口译专业
主要咨询问题：情感问题

一、收纳，建立关系

来询者：您好，老师。
咨询师：你好，小芳。
来询者：我想和您聊聊，您什么时候方便？
咨询师：先填写咨询收纳表，整理一下信息，好吗？
来询者：好的，谢谢老师。
咨询师：小芳，看到你填写的资料了，希望可以从沟通中发掘性格中的问题，以及了解适合的工作是什么。
来询者：是的，有些问题想听听您的意见和建议。
咨询师：好奇一下，为什么要发掘性格中的问题，而不是自己的优点呢？赞美自己的优点，不是更容易自信吗？
来询者：希望发现问题，更好地解决问题，让自己更快进步。
咨询师：明白了。小芳，找时间做一下价值观测试、三件成就事件吧，借机了解一下自己。
来询者：好的。
咨询师：咱们约 4 月 20 日 20：00—21：00，用微信音频的方式咨询，

可好？

来询者：好的，没问题，老师。

二、澄清

来询者：老师，价值观测试做好了，现在发给您。

咨询师：好，排前三位的分别是追求新意 18 分，利他主义 17 分，经济报酬 17 分。证明你在选择一份工作时，这三项会优先考虑。准确度如何？

来询者：还可以，80%吧。追求新意怎么理解呢？

咨询师：不喜欢一成不变的生活，希望自己的工作是不断创新的、变化的。如果觉得真实，可以作为今后择业的参考。

来询者：好的。

咨询师：还有三件成就事件，写得如何了？

来询者：还没写，实在想不起有什么成就，母亲节给我妈买花算吗？

咨询师：大事小事都行，只要自己觉得做得好，能体现自己优势就可以了。

来询者：做摊贩的时候促成了交易？靠自己戴上了隐形眼镜？就这样吧。

咨询师：我有一些奇怪，比如考上华师的研究生，对于很多人来说是值得骄傲的事情，你没写进去，为什么写的全是一些小事呢？

来询者：考研是另外一个概念。本科毕业后家里安排我在统计部门工作，工作强度不大，但工作内容让我无法忍受，因为数学不好，所以选择读研，有逃避性质的。

咨询师：明白了。

来询者：老师，我是学英语口译专业的，您觉得我可以从事哪些工作呢？

咨询师：之前做过哪些尝试呢？

来询者：还没有，只在家里做过一段时间统计，又放弃了。不过华师的学生大多数会考虑做老师吧，像这个专业也可以去做翻译。

咨询师：对的，除了老师、翻译之外，还可以去培训机构做讲师，去公司做外贸销售，或者董事长助理兼翻译等。之前了解过吗？

来询者：不是很多，这些倒是可以去了解一下。

咨询师：是的，多去收集信息，多去尝试，只有去实习或做暑假工，真的去做，才可能发现哪些工作是自己喜欢的，哪些是不适合的。纸上谈兵，解决不了问题。

来询者：老师，其实，我想聊的是感情问题，刚开始不好意思说。

咨询师： 感谢你的信任。

三、分析

咨询师： 小芳，能简单说一下情况吗？

来询者： 好的。我现在和一个男孩子交往，他研究生毕业了，很优秀。刚认识的时候，他有女朋友，并且交往几年了，感情很好，后来因为女朋友在外地不能来广州，所以分手了。然后我们开始交往，我主动找的他，原来没有觉得特别喜欢，后来可能是觉得想把他抢过来，所以就很主动。他很少找我，很少主动发信息，还和前女友经常联系。我很难过，但又忍不住去找他，微信删了又加，加了又删，不知道该怎么办。之前难受的时候，去找学校的心理咨询师聊过，好了一段时间，现在又难受了。

咨询师： 能理解你的心情！你处于青年期，这个阶段已经慢慢离开父母，试图寻找属于自己的人生，主要的发展任务是，获得亲密感，避免孤独感，良好的人格特征是爱的品质，尤其是爱情和友情。当能获得时，会觉得特别自信、幸福，反之则容易察觉悲伤。这是一种正常的状态。

来询者： 获得亲密感，避免孤独感，老师，你说得太对了。（哽咽中）那我该怎么办啊？

咨询师： 你的三个成就事件写的全是小事，是不是可以体现你对自己的评价不够客观呢？很少欣赏赞美自己？

来询者： 是的，我确实不怎么会欣赏自己，看不到自己的优点，觉得自己没有优点。

咨询师： 哪有人会没有优点呢？能顺利考研，证明你的智商、计划性、执行力、毅力都是很棒的。有没有考虑过是什么原因造成的？

来询者： 我是家里老大，有个弟弟，父母很宠他，可能对我关注少一些，我特别想获得他们的认同，但父母很少表扬我。尤其是父亲很少和我沟通，可能是这个原因，让我觉得自卑吧。

咨询师： 很理解你的感受。父母是生命里最重要的人，每个人都希望父母看到自己，得到父母的认同，从而找到自己的价值。而中国的父母深受中庸影响，很少正面鼓励孩子，最多说几句"不错"。所以，让你有挫败感，对吗？

来询者： 对的。

咨询师： 你朋友多吗？可以无话不谈的那种？

来询者： 不多，因为学习也比较忙，比较少交际，深入交往的不多。

咨询师： 我明白了。父母较少关注，朋友较少，学习压力又比较大，容易产生孤独感，所以特别想通过爱情来证明自己是值得被爱的，对吗？

来询者： 对，有这样的想法。他一直很被动地接受，我特别想在睡觉前看到他的信息，醒来后也看到他的信息，我想得到这样的回应，所以一直这样做，但他爱理不理的。他很少主动来找我，也很少打电话给我，他越是这样，我越紧张，总觉得多付出一些去感动他，他就会以我想要的方式来对待我。有时候明知道他对我也就这样了，伤心了、分手了，把手机、微信拉黑，自己也觉得特别难受，隔几天又舍不得，一路哭着跑去找他，像电视剧里那样。他还在和前女友联系，有时闹别扭了就来我这里找安慰，他知道我一直不会走，所以忽冷忽热的。我想分开又舍不得，现在的状态又很难受。

咨询师： 能理解你的心情，恋爱有时是这样的。他可能在成长过程中，获得了比较充足的爱，也习惯性获得，较少去付出。而你是缺乏爱，习惯性付出。恰好你们的行为模式成了互补，所以有了现在的相处模式。你觉得他喜欢你吗？

来询者： 有时候吧，不大喜欢。他连我电话号码都不存手机……心凉。

咨询师： 在你身边有没有喜欢你、但你不喜欢的男生？你会对他们有回应吗？

来询者： 也不一定，看心情。

咨询师： 他也是一样的啊。他和前女友几年的感情，不是一下子说断就能断的，所以会忽冷忽热。感情不是通过单方面的努力就一定会有想要的结果。

来询者： 我是很努力地想追，想要，想得到，越是这样越是得不到。习惯了，学习什么的，都是自己努力去争取的，总觉得感情也可以这样。

咨询师： 感情不全是，前提也要看对方是否喜欢你。

来询者： 我也知道，真正好的东西，应该是踏破铁鞋无觅处、得来全不费功夫的。说到底，他只是不喜欢我罢了。

咨询师： 你觉得你们是在一起还是分开，主要取决于什么？

来询者： 取决于我的想法，是我决定在一起试试。

咨询师： 这是一部分原因，更重要的原因在于他前女友怎么做，你的想法是她不来广州要分手的前提下产生的。如果她来广州的话……

来询者： 对，就拜拜了。我本来是觉得必须和前任断清了再在一起，后来又觉得短期内断不清，不如抓紧时间试试……

咨询师： 在这段感情中，你是没有前进的主动权的，但有退出的主动权，你们好与不好与你的实际努力并没有必然的直接联系。有些伤还是不要让自己承受的好，寂寞与伤害，你选择了后者，想清楚就好，因为承担后果的是自己。

来询者： 你说得对，我是不是对自己有点不负责任？

咨询师： 你只是想争取一下而已，也许努力过后未必一定是伤害，你抱有希望。

来询者： 是的呢……你说得真好。

咨询师： 让自己变得好，可以支持自己温暖自己，这才是终极的好。

来询者： 我总有种想加回他的冲动。

咨询师： 加回了，还是维持现状，达不到期望，再删除。他不是真正爱你的人，你是清楚的。

来询者： 做个朋友？

咨询师： 现在不是时候，你做不到。

来询者： 之前试过删了的，我跑回去加他，像拍电视剧，边哭边跑。

咨询师： 他如果在意你，他会加你的，会来找你的。也许你真的能做到不理他，他可能才会把你放在心上一点。

来询者： 是啊……他觉得我很急着想融入，也是我逼成了他这样。

咨询师： 那加回的意义何在呢？只是有种奢望，觉得自己努力了，也许他就可以在下一秒突然被感动……不如留个幻想吧。当你太急，成了志在必得的猎人，他就一定会成为逃跑的猎物，谁愿意被动地成为猎物呢？

来询者： 重新开始吧，做朋友的时候我们都很舒服。

咨询师： 自己决定。也许过几天又重现历史了呢。

来询者： 你是说我过几天又跑回去加他了吗？现在就想，但是我也不想逼自己。你说的，留个幻想也不错。

咨询师： 你先放过自己，感情不是越努力就越会得到好的结果，反之越用力越疏远。当你自己感觉自然的时候，双方才会相处得舒服，人都是趋利避害的，你黑白无常一样地追着他，让他听你的话，想控制他，谁都会逃跑的，包括你。感情需要时间来证明，证明你真的爱哪个人，哪个人真的爱你，谁可以陪着你走过接下来的岁月，不是靠一时的努力可以获得结果。静下来，才会更懂得自己是谁，想要什么，而我现在该做什么。

来询者： 我也觉得自己像个神经病，一时这样，一时那样。

咨询师： 这是恋爱中的女人常见的状态。

来询者： 恋爱个屁，我自己分饰两角，都没尝到恋爱的感觉。

咨询师： 那为何还要争取？不喜欢不是努力就会变喜欢的，对双方只是折磨。

来询者：他除了情人节的时候来找过我，想赎罪，其他都是在他前女友那里受了挫折，才在我这里找安慰。

咨询师：是你同意这样的角色，他才敢这样对待你的，因为你还在那里。你可以更好地保护自己，去找爱自己的人，不做备胎。

来询者：是啊，他就是觉得我不会走的，所以才这样对我。老师，我找不到爱我的人了。

咨询师：相信，才可能看得到。

四、行动方案

咨询师：在没有找到爱人之前，给自己想要的温暖和赞美，先从欣赏自己、培养自信开始，好吗？

来询者：感觉好难，我试试。怎样才能做到呢？

咨询师：我介绍一些小的方法吧。

（1）每天写自己的5个优点，最好不重复，写上体现优点的事件；每天写3件幸福的事情，及时发现生活中的美好。

（2）多和父母、朋友联系，寻找爱的支持，不把幸福只依托在爱情上，只依托在某个人身上。

（3）做些自己喜欢的事情，培养兴趣爱好。

来询者：感觉好难啊，找不到自己的优点。

咨询师：先试试看，如果找不到5个，开始先写3个也可以的，养成习惯，以欣赏的眼光看待自己，就会容易了。

来询者：好的，谢谢老师。

咨询师：自信是一个快乐的源泉，给自己一些时间去欣赏自己的美好，相信你可以的。把今天咨询的主要内容总结一下，写出行动计划，逐步去改变，加油！

来询者：好的，我写好发给您！谢谢老师的陪伴。

小芳的咨询总结与行动计划：

1. 咨询总结

（1）青年阶段与父母的关系不似从前亲密，期望得到"感情支持"，如友情、爱情等，所以我当下的状态是正常的，但不能把快乐都依托在爱情上。

（2）我付出的恰恰是我缺乏的。越是对我不理不睬，我就越想扑上去。模仿了我和父亲的相处模式，还有我父母两人之间的行为模式，这样才会让自己觉得熟悉。

（3）他可能在家里得到的爱和关注比较多，习惯性获得爱。

（4）想清楚自己在这段关系中想得到什么，是否能得到？能为这段感情付出什么？底线在哪儿？

（5）既然付出了就不要后悔，否则自己会变得很低很低。不要改变自己去迎合，否则他爱上的也只是伪装的自己。

2. 行动计划

（1）找到自己的自信，每天写自己的5个优点，3件幸福的事情。

（2）关注自己，慰藉自己，关注学业、运动。

（3）当初我愿意尝试两个人在一起就没想着要他能全心全意，既然如此，只希望有个人能偶尔陪伴在身边，也许是像个好朋友一样聊天、吃饭、散步、运动，获得一定的情感支持。我能付出一定的时间、金钱、精力，但必须随时做好他要离开的准备以及习惯他忽冷忽热的态度。毕竟当时我们两个人都想过跟对方分手，只是都在拖着，我是在观望，他可能也是在等待时机。现在两人都说要尝试在一起，不知道能坚持多久。

（4）沟通，了解他想在这段感情中获得什么，能为这段感情付出什么。

（5）表现真实的自己。

（6）看缘分，尽人事，听天命。

五、结束

咨询师：小芳，还有哪些问题需要沟通的吗？

来询者：暂时没有了。已经聊了一个半小时了，谢谢老师。现在感觉心里很轻松很舒畅，没那么压抑了。

咨询师：那我们这次的咨询先到这里了，咨询只是一个开始，怎样做才是关键，否则再完美的咨询也只是废话。

来询者：老师，你好棒！今夜你的声音都会在我耳边回荡——目前你是我见过的最好的咨询师，没有之一。

咨询师：小芳，非常感谢你的信任。期待你的精彩！那我们这次就先到这里了，再见。

来询者：谢谢老师，老师再见！

咨询师手记

　　来询者刚开始时，表面上聊的是工作定位问题，建立信任后，才说出真实的想法，咨询的其实是感情问题。几乎在整个咨询过程中，一直断断续续地哭泣，既有藏在心底的悲伤，也有被人理解的喜悦。通过三个成就事件的梳理，发现来询者因为原生家庭的影响，父亲看不到她的存在，导致她看不到自我的价值，持续不断努力，渴望得到父亲的认同，从而形成了与异性相处的模式。所以，虽然来询者很优秀、也很漂亮，偏偏选择了一个尴尬的"男友"——与前女友藕断丝连，对她的付出忽冷忽热，从不主动，连电话号码也不存在手机里。也许正是似曾相识的感觉，让她重复习惯模式，面对"男友"的似是而非，痛苦的同时，不断努力，企图得到情感与身份上的认同，即使陷入恶性循环，让自己受伤，还是间歇性地复合，饮鸩止渴。而所有表象的背后，是自卑作祟和自信的缺失。怎样学会消除自卑、建立自信，怎样改变不合理的思维模式，是一个需要长期坚持的过程。感情没有对错，咨询师站在中立的角度，倾听来询者的喜怒哀乐，给予适时的认同与鼓励，让其在感受理解与温暖的同时，发现钥匙其实就在自己的心中。

附 件

附件一： 华南师范大学学生就业指导中心面谈咨询登记表

您好！欢迎来到华南师范大学学生就业指导中心，非常荣幸能够帮助您排解职业困扰！我们有最专业的职业咨询服务和指导。请填写一下您的基本情况和咨询需求，以便我们做最充足的安排。放心，根据我们的职业守则，您的所有情况都将会是保密的，请您如实填写。谢谢！

基本情况登记

姓　　名：　　　　　　　　　　　性　　别：

出生年月：　　　　　　　　　　　学院年级：

宿舍地址：　　　　　　　　　　　联系电话：

一、欲咨询的问题是属于（请在您认为的问题上打"√"）
□ 生涯规划和职业选择　　　　　□ 就业形势与政策
□ 就业流程以及相关手续办理　　□ 求职技巧
□ 大学生创业　　　　　　　　　□ 职业困惑与心理调适
□ 其他＿＿＿＿＿＿＿＿＿＿＿＿＿＿＿

二、对咨询师的选择要求：

☐罗双发（周二）

☐张思慧（周二）

☐刘冬梅（周三）

☐侯永雄（周三）

☐陈　璐（周四）

其他要求：

三、咨询时间安排（根据咨询师的值班时间和预约情况，与来询者在电话确定咨询时间）

☐星期一 ☐星期二	☐ 14：30—15：30
☐星期三	☐ 15：35—16：25
☐星期四 ☐星期五	☐ 16：30—17：20

华南师范大学学生就业指导中心制

附件二： 咨询情况反馈表

首先感谢您对华南师范大学学生就业指导中心的信任！

为了真实了解本中心的咨询水平，不断提高咨询质量，并促进来询者进行反思、增强咨询效果，我们设计了此份主要针对咨询情况的反馈表。

请您根据实际情况如实填写，谢谢合作！

姓名：	院系、年级：
性别：	来访时间：
一、您对此次咨询的满意程度： A. 很满意 B. 比较满意 C. 说不清楚 D. 不太满意 E. 很不满意	
二、请您简单描述一下咨询以后的心情与体会：	
三、请您陈述一下将来的打算（主要针对来访问题）：	
四、若将来您有职业困扰，是否还愿意到本中心进行咨询： A. 愿意 B. 说不清楚 C. 不愿意	
五、您觉得本中心的工作还需要做出哪些改进？	

多谢您的合作！我们会对您填写的资料完全保密！

面谈咨询员姓名：

附件三： 面谈职业咨询记录表

姓名：	咨询时间：
咨询问题归类：	
主诉：	
分析：	
建议：	
备注：	
	咨询员（签字）：

附件四： 转诊报告

姓　名		性　别		年　龄	
民　族		职　业		来访日期	

外在表现	
求助者自述	
生理、心理、社会因素	
评估与诊断	
转诊建议	

来询者签字：

附件五： 何为生涯咨询

生涯咨询是一个专业的咨询工作，需要学习生涯发展理论、生涯咨询技能和工具，需要具备咨询的专业技能以及咨询师需要有足够的个人阅历。

心理学科认为，生涯辅导的理论主要建立在心理学的学科背景基础上，且大量应用了测评、咨询技术的方法。生涯咨询与心理咨询有异曲同工之处，不同的是心理咨询更关注学生的过去，找到过往事件与学生当下状态的联结，生涯咨询和生涯辅导更关注学生的未来和发展，以未来的自我期待为目标反观当下的生活。

生涯咨询之所以能够有所发展，不仅是因为对于传统咨询模式的突破，比如将心理咨询和职场的结合，更多的是用生涯理念以各种方式满足人们对于幸福生活的追求。

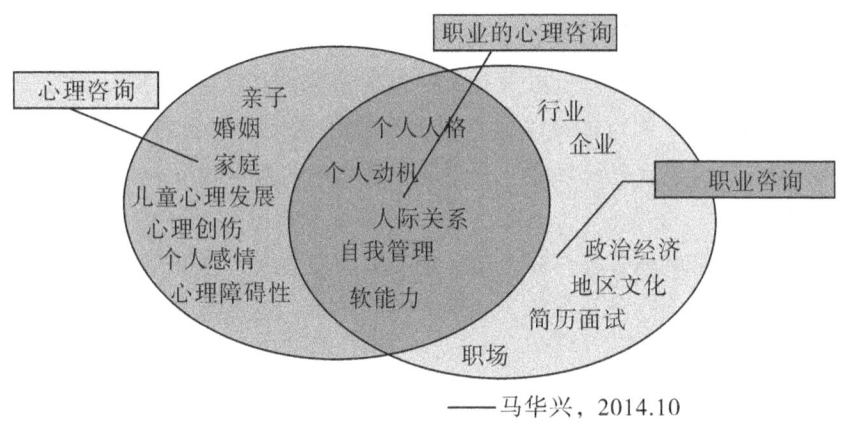

——马华兴，2014.10

心理咨询师和生涯咨询师的相同点在于他们都属于运用心理学来对人类作用。我们知道心理学有四个任务：第一个任务就是治疗和干预精神及心理疾病，即心理咨询师的任务；第二个就是帮助人们获得更大限度的幸福，这就是生涯咨询师的任务；第三个就是发现并培养天才；第四个是研究高智能机器。在过去的一百年里，心理学基本上都集中在第一个任务，治疗并干预精神和心理障碍。而生涯咨询是帮助心理健康的人获得更好的发展，也就是我们常常说的：只要是正常人想要活得更好的问题都归我们管。

所以从大的二级学科来讲，它们都属于应用心理学的部分。

所不同的是心理学在对问题进行干预的时候，在分析问题的阶段使用的是心理理论模型，在干预问题的时候使用的是心理咨询的技术。而生涯咨询在分析问题的时候使用的是生涯发展理论，在解决问题的时候使用的是生涯工具。

它们分析问题所使用的理论与工具，从根本上是不一样的策略，这就是它们的区别。

所以在这张问题表上，在一般心理问题及以下，我们还可以去做。一旦上升到严重心理问题、神经症性心理问题以后，我们就最好不干预了，因为它已经超出了我们可控的范围。

所以就整个咨询流程来讲，无论是心理咨询还是生涯咨询，或者其他的咨询工作，基本上都是五个环节：建立关系，澄清问题，分析问题，解决问题和结束会谈。不同的咨询，因为工作对象和问题性质不一样，建立关系的沟通环节是通用的，基本是建立一种同盟真诚合作的关系。从澄清开始有区别，如心理是一个对病理信息的收集，所以它的模型就是排查诊断的模型。而生涯咨询在澄清问题的时候使用的就是生涯的模型，如在帕森斯理论下工作的话，就会收集个人特技和对外部世界的了解，从匹配的角度分析；如果是使用舒伯理论，你会从多角色，或者是平衡论，或者是阶段发展的视角来分析和澄清它的问题。如果你是在适用论下工作的话，你可能就会去问问来询者的需求和外部环境要求之间的关系，我们要知道他到底是外职业生涯受阻，还是内职业生涯受阻，然后在干预阶段引导他去适应。

建立关系和结束环节都一样，至于中间的澄清问题，你使用的问题模型框架和分析问题使用的理论以及你解决问题使用的工具，心理咨询和生涯咨询在根本上是有所不同的。

生涯咨询的目标是促进个体自我规划能力的发展，实现生涯认知、角色平衡、自主决策、环境适应、自我管理。

关于生涯咨询师的成长建议：

1. **换个角度看问题**

向着阳光奔跑，阴影总在身后

天空越黑暗，繁星越闪耀

看到繁星的第一步是张开眼睛，先看到黑暗

没有人可以靠佛陀的智慧解脱

从来没有完美的决策，决策就意味着取舍，是朝向未来去冒险

能做的事太多的时候，选择决定成败

垃圾是放错地方的资源

往往一车苹果不如一只香蕉来得给力

再锋利的菜刀对裁缝来说也是没有用的

2. 咨询师成长之路

做一面干净的镜子

咨询师的福利是在助人的同时一直在助己

助人先自助／先搞定自己再搞定他人

我们是有限的

为成为优秀的咨询师时刻准备着

咨询风格是建立在咨询师人格基础上的，向别人学习只是为了做更好的自己

咨询师的价值在于如何更好地服务人而不是提供解决方案

成人达己，持之以恒

有效的咨询师拥有看到来询者资源的视角

快就是慢，慢就是快

咨询师是提问的专家

生涯咨询致力于帮助人成长为自己的模样

刻意练习总是从最别扭的姿势开始

保持觉察才能保持初心

3. 来询者是怎样的一种存在

来询者也是咨询师的镜子

来询者是解决自己的问题的专家，咨询师只要问对问题就 OK 了

4. 巧妙解析咨询技巧

需求转换目标，目标引导行动，行动改变生活

关注所在，能量所致

带着假设的好奇胜过咨询师的经验和知识

价值是罗盘

回应就是爱

保持开放，关注积极

保持好奇是打开可能的钥匙

用标签理解人会让咨询师失去好奇心

把关注点放在来询者身上而不是放在自己的得失上

评估和评判，一个天堂一个地狱

5. 深刻洞察咨访关系

真诚是咨询关系的养料

用生命影响生命

世界上最远的距离就是从脑到心的距离

永远对来询者心存敬畏和感恩

向来询者学习和礼敬

咨访双方是同盟关系，意味着两个脑袋共同想一个问题，两个资源共同解决一个问题

咨询师要谨慎于自己的建议成为来询者的局限，而不是资源

通达自己，再成就别人

永远对来询者心存敬畏，心存感恩

（资料来源：http://mp.weixin.qq.com/s/4RKBfICSGJgQLHJcuHuiBg）

# 附件六： 生涯辅导策略建议

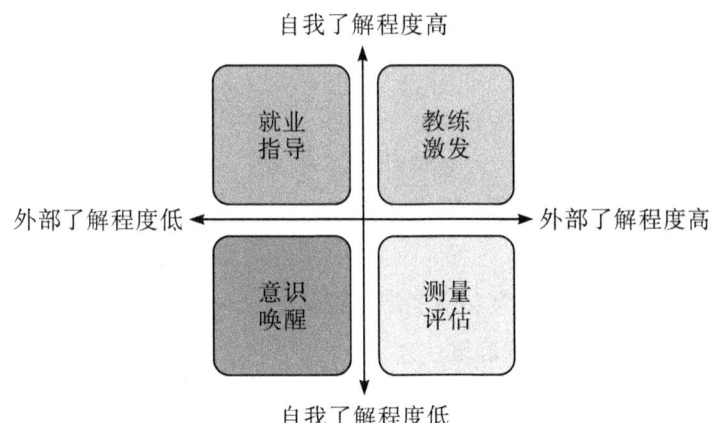

对于我们的来询者，生涯辅导者该选择哪种方法？

第一个，如果他对自我了解程度很高，对外部现实了解也很高，那我们可以做教练激发，因为他自己本身有解决问题的资源和能力。

第二个，如果他对自己了解很高，但他对外部了解很低，那我们就可以做就业指导，给他补充些信息。

第三个，他对外部了解很高，但他对自我了解很低，我们可以用工具对他进行测量评估。

最后，如果他对自己和外部的了解都很低，我们只能先做意识唤醒，建立关系。有的老师说，那唤不醒呢？唤不醒，也只能那样了，你无法叫醒一个想要睡觉的人。

附件七： 有效咨询师的个性特点

1. **自我认同感**
- 他们知道自己是谁
- 他们知道自己能够成为什么样子
- 他们知道自己在生活之外想要什么
- 他们知道对于自己来说，最基本的是什么

2. **尊重并欣赏自己**
- 他们在自我价值的感觉和强度之外能够为他人提供帮助和爱

3. **对改变秉持着开放的态度**
- 当他们不满足于现状时，他们有勇气和动机离开自己熟知的安全区
- 他们会自己决定自己希望获得怎样的改变，并会朝着自己希望的那个方向而努力

4. **为自己的生活做出选择**
- 他们了解自己对自己、他人和世界所做出的早期决定
- 他们不会成为这些早期决定的受害者，相反，必要的时候，他们会修正这些决定
- 他们会努力让自己的生活丰富多彩而不是仅仅满足于生存

5. **可信的、真诚的、诚实的**
- 他们不会把自己隐藏在面具、防御、外观和枯燥无味的角色后面

6. **有幽默感**
- 他们能够观察到生活中发生的事件
- 他们没有忘记如何笑，尤其是自己出现小错误或者前后矛盾的时候

7. **可能会犯错，但是乐于承认**
- 他们不忽略错误
- 他们也不会让自己过于被自己的错误所困扰

8. **把握当下**
- 他们不沉溺于过去
- 他们不固着于未来
- 他们能够体验"现在"并和他人一起抓住当下

9. **肯定文化的影响**
- 他们了解文化对自己的影响
- 他们承认其他文化造成的价值观的多样性
- 他们对社会阶层、种族、性取向和性别所造成的差异非常敏感

10. **真正关注他人的幸福**
- 基于尊重、关怀、信任和对其他人真正的重视

11. **拥有有效的沟通技巧**
- 他们能够在清醒的状态下走进他人世界
- 他们会努力创建合作的治疗关系
- 他们有能力站在他人的角度思考问题并和他人一起建立共同的目标

12. **深入地投入到自己的工作中,并从中寻找意义**
- 他们接受工作带来的报酬,他们不会让自己成为工作的奴隶

13. **充满热情**
- 他们有勇气追求自己的热情
- 他们会对自己的生活和工作充满热情

14. **保持健康的界限**
- 尽管他们努力完全地为来询者考虑,但是他们不会把来询者的问题带到自己的生活中
- 他们知道如何说不,这使他们能在生活中保持平衡

Gerald Corey (2010) *Theory and Practice of Counseling & Psychotherapy* (Eighth Edition)

谭晨 译(2010),《心理咨询与治疗的理论及实践》,中国轻工业出版社

附件八: 生涯咨询师 12 项能力要求自我评估表

下面列出了全球职业规划师所需的 12 项能力要求。请根据你目前的实际情况对自己的这 12 项能力进行评分。1 分代表"差",5 分代表"精通"。

能力要求	差		一般		精通
1. 职业发展理论与模型:熟悉职业发展领域的基本理论和模型,并能够在实际的职业生涯规划中加以选择和运用。	1	2	3	4	5
2. 助人技能:精通职业规划流程,熟悉助人的基本技能(如关注、倾听、反射和恰当的提问),并能在与来询者的互动中加以运用。	1	2	3	4	5
3. 为多样化的人群提供服务:能够识别不同(性别、年龄、民族、宗教信仰、经济文化背景等)群体的特殊需求,并根据他们的情况采取不同的策略、提供相应的服务。	1	2	3	4	5
4. 评估能力:知道自己有资格实施的正式及非正式职业测评和评估技术有哪些,能够根据不同的群体选择适当的测评工具并予以实施。	1	2	3	4	5
5. 计算机技术:了解和掌握计算机技术在职业发展和规划上的应用,并能使用相关的软件或网站资源来帮助来询者。	1	2	3	4	5
6. 劳动力市场信息/资源:熟悉劳动力市场、职业信息及其发展趋势,并知道如何探索与收集信息,以及如何利用相关信息帮助来询者。	1	2	3	4	5
7. 求职与工作适应技能:熟悉各种求职策略、技巧,知道如何帮助来询者找到并获得工作职位,以及适应这一工作。	1	2	3	4	5
8. 培训技能:知道如何针对服务对象的需求设计并进行培训。	1	2	3	4	5

9. 管理/实施服务项目：能够设计并实施与职业生涯发展相关的服务项目。　　1　2　3　4　5

10. 宣传和公关：能够推广本机构有关职业生涯发展的服务项目。　　1　2　3　4　5

11. 接受督导：在工作中知道何时应当寻求督导，能够主动寻求督导并接受督导提出的建议。　　1　2　3　4　5

12. 职业道德和法律规范：遵守全球职业规划师的职业道德规范，并了解相关的法律法规，知晓自己的职责范围。　　1　2　3　4　5

附件九：咨询双方的责任、权利和义务

1. 来询者的责任

向咨询师提供与职业生涯规划问题有关的真实资料；积极主动地与咨询师一起探索解决问题的方法；完成双方商定的作业。

2. 来询者的权利

有权利了解咨询师的受训背景和执业资格；有权利了解咨询的具体方法、过程和原理；有权利选择或更换合适的咨询师；有权利提出转介或终止咨询；对咨询方案的内容有知情权、协商权和选择权。

3. 来询者的义务

遵守咨询机构的相关规定；遵守和执行商定好的咨询方案各方面的内容；尊重咨询师，遵守预约时间，如有特殊情况提前告之咨询师。

4. 咨询师的责任

遵守职业道德，遵守国家有关的法律法规；帮助来询者解决职业生涯规划问题；严格遵守保密原则，并说明保密例外。

5. 咨询师的权利

有权利了解与来询者生涯规划问题有关的个人资料；有权利选择合适的来询者；本着对来询者负责的态度，有权利提出转介或终止咨询。

6. 咨询师的义务

向来询者介绍自己的受训背景，出示营业执照和执业资格等相关证件；遵守咨询机构的有关规定；遵守和执行商定好的咨询方案各方面的内容；尊重来询者，遵守预约时间，如有特殊情况提前告之来询者。

 **附件十: 职业生涯规划咨询的书单推荐**

1. 《生涯咨询与辅导》 金树人
2. 《职业生涯咨询——过程、技术及相关问题》 吉斯伯斯
3. 《思维改变生活——积极而实用的认知行为疗法》 Sarah Edelman
4. 《认知行为治疗:故事和类比的应用》 Paul Blenkiron
5. 《建构解决之道——焦点解决短期治疗》 许维素
6. 《活得明白——生涯咨询的十八个典型》 贾杰
7. 《生涯咨询》 马可·L. 萨维科斯
8. 《职业生涯发展与规划》 罗伯特·C. 里尔登、珍妮特·G. 伦兹
9. 《叙事疗法实践地图》 迈克尔·怀特
10. 《你的降落伞是什么颜色》 鲍利斯
11. 《请理解我》 大卫·凯尔西
12. 《就业宝典——根据性格选择职业》 保罗·D. 蒂戈尔
13. 《你的职业性格是什么——MBTI16型人格与职业规划》 堂娜·邓宁
14. 《现在,发现你的优势》 马库斯·白金汉
15. 《职业规划攻略》 Diane Sukiennik

附件十一： 生涯咨询常用测评量表网址

职业倾向自我探索

http：//career.scnu.edu.cn/a-3-2031.html

MBTI 职业性格测试题

http：//career.scnu.edu.cn/a-3-2032.html

决策风格测试

http：//career.scnu.edu.cn/a-3-2033.html

职业生涯选择困难问卷（CDDQ）

http：//career.scnu.edu.cn/a-3-2034.html

职业价值观

http：//career.scnu.edu.cn/a-3-2035.html